AF546136

Erich von Dänikens
Buch der Antworten

ERICH VON

DÄNIKENs

Buch der Antworten

KOPP VERLAG

1. Auflage Oktober 2021

Lektorat: Agentur Pegasus, Zella-Mehlis
Umschlaggestaltung: Stefanie Beth
Satz und Layout: Arif Turhan

ISBN: 978-3-86445-845-3

Gerne senden wir Ihnen unser Verlagsverzeichnis
Kopp Verlag
Bertha-Benz-Straße 10
D-72108 Rottenburg
E-Mail: info@kopp-verlag.de
Tel.: (0 74 72) 98 06-10
Fax: (0 74 72) 98 06-11

Unser Buchprogramm finden Sie auch im Internet unter:
www.kopp-verlag.de

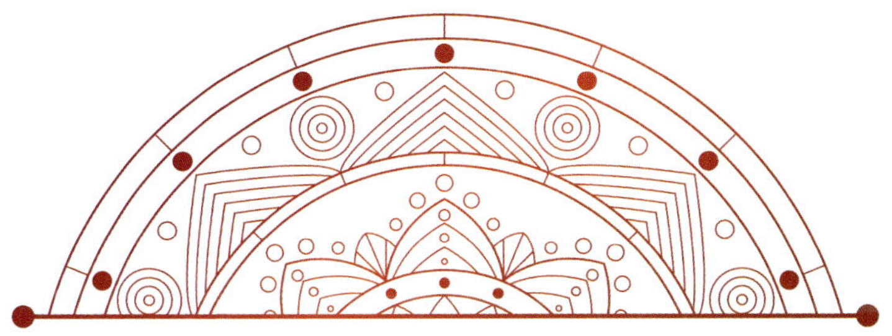

Inhaltsverzeichnis

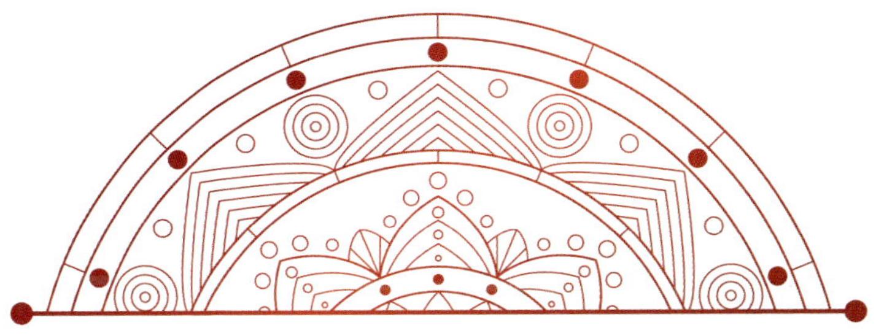

Brief an meine Leser

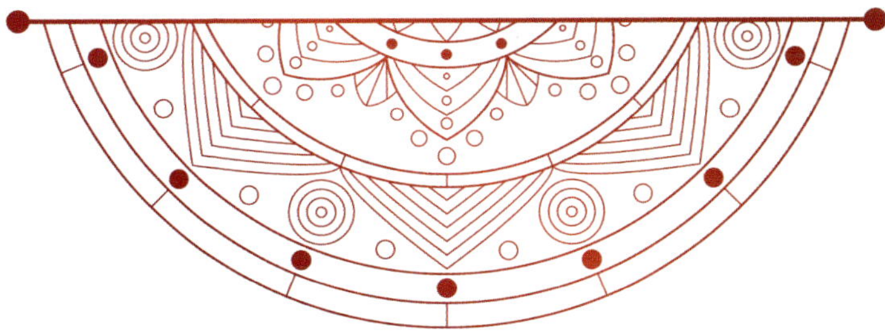

Liebe Leserin, lieber Leser,

Tag für Tag erhalte ich rund 200 E-Mails und noch ein paar Briefe, die mit der guten alten Post kommen. In 300 Arbeitstagen sind es 60 000 Zuschriften. Oder in 10 Jahren 600 000. Was möchten die Menschen von mir?

Der größte Teil der Leser füttert mich mit Informationen. Ich erfahre von archäologischen Rätseln irgendwo auf der Welt, von Felszeichnungen, Skulpturen oder Tempeln, über die ich bisher nichts wusste. Oft entsteht eine Korrespondenz, und nicht selten kommt es vor, dass ich in die betreffenden Länder reise, um mir ein eigenes Bild zu machen.

Andere kritisieren oder schimpfen. Viele meiner Leser bereisten inzwischen Peru und flogen über die Wüstenfläche von Nazca. Ich habe dieses Thema in 22 Büchern behandelt und immer darauf hingewiesen, dass in der Wüste von Nazca nicht nur die berühmten Scharrzeichnungen existieren, sondern auch regelrechte »Pisten«, die tatsächlich aussehen wie verrottete Landebahnen. Doch oh Schreck! Die Nazca-Besucher bekamen von den *las pistas* nichts zu sehen. Die Touristen wurden nicht darübergeflogen, sondern nur über die Scharrzeichnungen von Fischen, Vögeln und anderem Getier sowie über die schmalen Linien. Jetzt schreiben sie und fragen enttäuscht, weshalb ich in meinen Werken Sensationen erfinde, die gar nicht existieren. Also greife ich in diesem Buch Nazca nochmals auf und mache eindeutig klar, was echt und was falsch ist, und auch, weshalb in so manchen TV-Dokumentationen über Nazca nicht die ganze Wahrheit gezeigt wird. Zudem belege ich: Nicht nur in Nazca, sondern überall in der Welt haben die Menschen riesige Zeichen in den Boden gescharrt, die nur aus der Luft erkennbar sind.

Und dann die UFOs: Zehntausende von Menschen berichten über ihre diesbezüglichen Erlebnisse, schreiben sogar, dass sie von Außerirdischen entführt worden seien. Sind die alle nicht ganz klar im Kopf? Ich habe das Thema bereits vor 25 Jahren behandelt, doch seither ist viel Wasser den Nil hinuntergeflossen. Ich weiß heute mehr als damals und kann belegen: Tatsächlich sind Menschen von Außerirdischen entführt worden. So unlogisch und absurd es einem auch vorkommen mag: Die Entführungen sind klipp und klar beweisbar.

Eigentlich wollte ich in diesem Buch nichts über die gigantischen Bauwerke aus der Steinzeit schreiben. Das Thema gilt als »ausgelutscht«. Ist es aber nicht, denn neue Grabungen, neue Datierungen und neue Funde machen die Steinzeit noch rätselhafter, als sie es bisher schon war. Je mehr Forschungsresultate präsentiert werden – umso unerklärlicher werden die Arbeitsmethoden und Motive unserer »Steinzeitler«. Es wird immer spannender.

In diesem Buch präsentiere ich eine Reihe von Leserbriefen. Ich mache dies, ohne die Namen oder gar Adressen der Briefschreiber zu nennen. So mancher Schreiber möchte nicht, dass andere von seiner Korrespondenz mit mir erfahren. So entstand ein Querschnitt – und entsprechend sind auch meine Antworten. Unvermeidlicherweise muss ich dabei immer wieder auf meine früheren Veröffentlichungen hinweisen. Denn dort sind die Themen alle schon beschrieben worden. Bisher gibt es 43 Titel von mir. Ein interessantes Kompendium. Und mehr und mehr ändert sich der Zeitgeist. Unsere Fragen an die Wissenschaft waren berechtigt.

Das vorliegende Werk ist anders als die bisherigen. Auch hier lernt man das Staunen wieder.

Sehr herzlich!

Ihr Erich von Däniken

CH-3803 Beatenberg im Juli 2021

Kapitel 1

Die Rückkehr der Götter

Leserzuschriften

Solothurn/Schweiz, 8. Dezember 2020

Sehr geehrter Herr von Däniken,

am 16. Juni 1995 kehrte meine Familie (vier Personen) aus Spanien nach Hause zurück. Nachts gegen halb zwei erblickten wir beim Einparken ein größeres, helles und stillstehendes Objekt am Himmel. Das Ding war etwa 1 Kilometer schräg über uns und bestand aus sieben gleichschenkligen, weißen Dreiecken, die intervallartig aufleuchteten. Es entstand der Eindruck, als würden sich die Dreiecke einmal nach rechts und dann wieder nach links drehen. Es musste sich um etwas Künstliches handeln. Leider lagen unsere Kameras alle im Gepäck. Dann verschwand das Objekt – es wurde einfach unsichtbar.

Am 1. August 2019 (dem Schweizer Nationalfeiertag) waren wir sieben Erwachsene bei meiner Tochter zu Gast und wir beobachteten von der Baselstraße 93 her die Feuerwerke. Gegen 23:00 Uhr – die Feuerwerke waren inzwischen zu Ende – beobachteten wir in Richtung Kriegstetten in einer geschätzten Höhe von 10 Kilometern ein Objekt, das in Intervallen blaue und rote Punkte emittierte, aber stillstand. Ich meinte, das sei ein UFO, doch die anderen gingen von einer Drohne aus. Plötzlich bewegte sich das Objekt etwa 10 Kilometer Richtung Burgdorf – und dies innerhalb von 4 Sekunden. Dort blieb es einige Sekunden stehen und raste Richtung Grenchen, und zwar so, als ob es sich von einer Sprungschanze nach unten katapultieren ließe. Nach 2–3 Sekunden erreichte es die Talsohle, bog wieder nach oben und verschwand. Ich habe die Geschwindigkeit ausgerechnet, es müssten um die 27000 Kilometer pro Stunde gewesen sein. Eine Beschleunigung, die kein Mensch überlebt hätte. Entweder war das UFO unbemannt oder mit Wesen bestückt, die derartige Beschleunigungen aushalten.

In der darauffolgenden Nacht geschah Folgendes: Ich schlief allein in einem Zimmer mit Balkon. Gegen 2:00 Uhr erwachte ich wegen ungewöhnlicher Geräusche. Weil das Zimmer nicht abgedunkelt war, bemerkte ich drei kleine Gestalten, die etwas murmelten. Plötzlich wurde an meiner Bettdecke gezogen und instinktmäßig zog ich an meiner Seite. Der »Kampf« dauerte einige Sekunden und ich versuchte auch zu schreien – aber es gelang mir nicht. Ich konnte nur kurze Brummer ausstoßen.

Plötzlich war der Spuk vorbei, und ich schaffte es erst einige Minuten später, aufzustehen.

Nun bin ich weder paranoid, noch leide ich an Albträumen (beruflich bin ich Jurist). Als ich am Morgen meine Kleider anziehen wollte, fehlte meine blaue Manchesterhose, die ich seit Jahren immer auf einem Stuhl neben dem Bett ablege. Die Hose ist bis heute verschwunden und – komisch genug – auch eine zweite, ebenfalls blaue Manchesterhose. Es ist mir heute noch unverständlich, wie die Fremden in mein Zimmer eingedrungen sind, denn sowohl die Türe als auch die Fenster waren geschlossen.

Ganz offensichtlich werden wir von außen beobachtet. Die »Fremden« scheinen uns keinen größeren Schaden zufügen zu wollen.

18. Februar 2021

Sehr geehrter Herr von Däniken,

mein Name ist Alexandra, ich bin 42 Jahre alt, lebe in Österreich und wende mich an Sie, weil ich in den vergangenen Jahren Dinge erlebte, die sich langsam wie ein Puzzle zusammenfügen.

Im Alter von 5 Jahren erlebte ich beim Spielen im Garten etwas Seltsames: Plötzlich tauchte eine silbrige Kugel auf, die mich für einige Momente umkreiste und dann nach oben verschwand. Als ich neuneinhalb Jahre alt war, kam ich in der Abenddämmerung gemeinsam mit meinen Eltern aus unserem Stall, als der Himmel plötzlich hell aufleuchtete. Dann stand ein riesiges Objekt – ich schätzte es auf 30 Meter Durchmesser – lautlos über unseren Köpfen. Die Form erinnerte mich an zwei gespiegelte, flache Dreiecke, die in der Mitte mit einer Art von

Lichtband verschmolzen waren. Wir blieben wie angewurzelt stehen, starrten nach oben und beobachteten, wie das Ding lautlos und »wie mit einem Satz« im Bruchteil einer Sekunde hinter dem nächsten Hügel verschwand.

Wenn Sie einen Tipp haben, wo und mit wem ich Kontakt aufnehmen könnte, um Antworten zu finden, wäre ich Ihnen sehr dankbar.

3. Dezember 2020

Verehrter Herr von Däniken,

ich bin inzwischen Pensionär, arbeitete aber jahrzehntelang bei der österreichischen Grenzbehörde. Davon 4 Jahre als Zollbeamter am Flughafen Wien-Schwechat. Dabei geschah es immer wieder, dass ich bei der Passkontrolle Menschen abfertigte, die keine Menschen waren. Man merkt das, weil wir unsere Ausstrahlung, unseren Geschmack, unsere Gestik und das gesamte menschliche Verhalten aufweisen – einige Fremde aber nicht. Da gab es welche, die wirkten irgendwie »durchsichtig«. Ich hatte dabei stets das Gefühl, ich könnte in ihre Haut hineinsehen. Andere waren derart zerbrechlich, als bestünden sie aus Kristall. Ich sprach automatisch leise mit ihnen. Alle besaßen Reisepässe von irgendwelchen Ländern – aber sie waren keine Menschen. Bei einem spottete ich: »Von welchem Planeten kommen Sie denn?« Er antwortete mit einem Wort, das ich nicht verstand. Aber ich kenne die Namen der Planeten in unserem Sonnensystem – das gesprochene Wort entsprach keinem unserer Planetennamen. Jetzt könnte man denken, wir hätten uns gegenseitig hochgenommen. Dem war aber nicht so. Der Fremde blickte mir freundlich und dennoch tief in die Augen und irgendwie durch mich hindurch.

Die Parodien im Film Men in Black *scheinen ein winziges Stück Wahrheit zu enthalten.*

Ich schreibe Ihnen all das, weil Sie möglicherweise ähnliche Fälle kennen und die richtigen Schlüsse daraus ziehen.

11. Dezember 2020

Dear Eric and his trusted assistant,

mein Zwilling und ich arbeiteten einige Jahre für eine spezielle Abteilung der CIA. Es ging um ein sogenanntes MK Mind Control Programm. Erforscht wurden die Gedankenverbindungen zwischen Zwillingen. Dies auch über größere Distanzen [hinweg] und sogar in getauchten U-Booten. Dabei geschah es mehrmals, dass unsere gedanklichen Verbindungen von fremden Schwingungen überlappt wurden. Diese Schwingungen waren eindeutig nicht irdisch. Wir fühlten sie zwar in unseren Gehirnen, wurden aber nicht klug daraus.

Vor 3 Wochen, am 24. November, trank ich wie jeden Abend ein Bier in meiner Stammbar. Da setzte sich ein jüngerer Herr neben mich und lächelte freundlich. Dann formten sich seine Gedanken in meinem Gehirn: »Nicht erschrecken«, dachten sie, »ich hatte den Wunsch, Sie mal in persona zu sehen.« Ich erschrak trotzdem, da hob er sein Glas und prostete mir zu. Wir kamen ins Gespräch, und er gestand, er lebe zwar in diesem Körper, sei aber nicht von unserer Welt. Ich verlor meine Scheu und erfuhr, er sei so etwas wie ein Beobachter, der seine Heimatwelt über unsere Erde informiere.

Sie, Herr von Däniken, könnten denken, das sei alles Unsinn und nur ausgedacht. Doch mein Zwillingsbruder, der zur selben Zeit im Auto saß und nach Hause fahren wollte, empfing diesel-

ben Gedanken. Er änderte sein Ziel und kam zu uns in die Bar. Schon bevor er das Lokal betrat, sagte der Fremde: »Ihr Bruder kommt gleich.« Der Fremde hat nicht gelogen. Bei der Telepathie funktionieren Lügen nicht. Mein Bruder und ich dachten, Sie sollten das wissen. Aber vermutlich wissen Sie es ohnehin: Wir sind nicht allein auf der Erde.

22. November 1982

Lieber Herr von Däniken,

ich heiße Andreas, bin 16 Jahre alt und lebe in Santa Cruz de Tenerife auf den Kanarischen Inseln. Meine Eltern betreiben hier das Restaurant XY.

Vor einigen Tagen erlebte ich etwas Unglaubliches. Ich erzählte es meinen Eltern, und mein Papa – der Ihre Bücher liest – meinte, ich sollte Ihnen unbedingt schreiben. Er besorgte mir auch Ihre Anschrift.

Es war nachts. Ich konnte nicht schlafen und legte mich auf einen Liegestuhl auf dem Balkon vor meinem Zimmer. Da beobachtete ich eine schwach leuchtende Kugel, die schnell näherkam. Als die Kugel direkt auf meinen Balkon zuflog, kriegte ich Schiss und wollte in die Wohnung rennen, aber das ging nicht. Meine Beine waren wie blockiert, und ich konnte auch nicht schreien. Dann fühlte ich etwas sehr Beruhigendes in meinem Gehirn. Unbeschreiblich. Und ich verlor meine Angst. Dann schwebten zwei kleine Wesen mit großen Köpfen und übergroßen Augen auf mich zu. Plötzlich schwebte ich zwischen den beiden auf die Kugel zu und in sie hinein. Es war kein Traum, denn unter mir sah ich die Lichter der Schiffe auf dem Meer und hörte sogar eine Sirene.

Bevor wir in die Kugel hineinflogen, drückte eines der Wesen mir etwas auf die Nase und sagte in meinem Gehirn, ich solle es dort lassen. Instinktiv griff ich danach. Es fühlte sich weich an – wie ein aus Fasern geflochtenes Gitter, das auf meine Nase passte. Dann führten sie mich in einen gekrümmten Raum. An etwas wie einem gewölbten Tisch stand ein drittes Wesen und vollführte mit den kleinen Fingern Bewegungen. Dann tauchte ein dreidimensionales Bild auf. Ich sah die ganze Insel Teneriffa aus der Vogelperspektive. Dann ging es höher [hinauf], und ich sah die Erdkugel. Dabei empfand ich stets ein angenehmes und staunendes Gefühl. In meinen Gedanken formierte sich die Frage, ob ich mit ihnen gehen wolle. Davor fürchtete ich mich und sagte Nein. Die Fremden machten einen regelrechten Rundgang mit mir. Nirgendwo sah ich Bildschirme, Knöpfe, Hebel oder irgendetwas, das an unsere Technologie erinnert. Sanft brachten mich die Fremden wieder auf meinen Balkon. Dann zeigte mir einer ein Symbol: Es sah aus wie zwei Hakenkreuze – allerdings leicht verschoben aufeinandergelegt. Er meinte, ich könnte jederzeit Kontakt mit ihnen aufnehmen. Dazu sollte ich mir in Gedanken dieses Bild der Hakenkreuze vorstellen.

Ich und mein Papa wissen, dass ich das erlebt habe. Mein Papa möchte, dass wir uns persönlich kennenlernen. Kommen Sie demnächst auf die Kanaren?

2. September 2020

Hello Mister von Däniken,

ich schreibe Ihnen aus der Ukraine. Ich bin 36 Jahre alt und lebe in der Gegend von Winnyzja. Beruflich bin ich Chemiker und arbeite in einer pharmazeutischen Firma.

Am 5. Dezember 2020, exakt um 22:46 Uhr, fotografierte ich den Mond. Da tauchten unvermittelt sechs Objekte in meinem Sucher auf. Verdutzt starrte ich nach oben und erkannte sechs Lichter, eines hinter dem andern. Dies langsam und quer über das Firmament [verteilt]. Jeder Meteorit war ausgeschlossen. Ich schoss Bilder, und die sechs Objekte formierten sich zu einem Dreieck. Leider erkennt man auf den Bildern nur sechs unscharfe Lichter.

Anderntags bestätigten mir mehrere Bekannte, sie hätten ebenfalls fremde Lichter am nächtlichen Firmament gesehen. Und mein Vater, der gerne fischt, war in jener Nacht gemeinsam mit einem Freund in seinem Boot. Auch sie bestätigten meine Sichtung. Doch vom Wasser aus hatten sie mindestens fünfzehn leuchtende Objekte gesehen.

Alles ereignete sich geräuschlos. Jedes Flugzeug oder jeder Helikopter fällt aus. Dann vollführten die Objekte zwei Manöver im rechten Winkel – und dies in einer derartigen Geschwindigkeit, die keine menschliche Technologie beherrscht. Einer meiner Bekannten, ein Militärpilot, der die Objekte ebenfalls sah, meinte, auch keine irdische Drohne könnte solche Manöver durchführen. Was geht hier vor, Herr von Däniken? Haben wir unseren Luftraum nicht mehr unter Kontrolle?

27. August 2020

Verehrter Herr von Däniken,

mein Name ist XY, und ich lebe in Baden-Württemberg. Der Grund meines Schreibens sind UFO-Sichtungen und Ähnliches. Ich würde sagen, dass das Versprechen unserer damaligen Besucher, wieder auf die Erde zurückzukehren, eingehalten worden ist. Allerdings haben sie sich in den vergangenen Jahrtausenden in einem für uns unvorstellbaren Ausmaß entwickelt. Sie müssen nicht mehr in einer physischen Form präsent sein. Es ist für sie durchaus möglich, »geisterhaft« aufzutauchen und uns Menschen trotz unseres physischen Körpers mitzunehmen und mit uns zu kommunizieren.

Die Informationen, die ich diesbezüglich habe, möchte ich mit Ihnen teilen. Es wäre für mich eine große Ehre, Sie persönlich kennenzulernen.

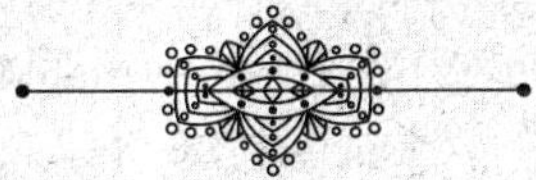

12. November 1998

Sehr geehrter Herr von Däniken,

ich lebe in Woronesch, einer Stadt 560 Kilometer südlich von Moskau. Ich habe zwei Ihrer Bücher gelesen (russische Ausgabe), und Ihre Anschrift erhielt ich freundlicherweise von Ihrem Verleger in Moskau. Er meinte auch, dass Sie kein Russisch verstehen, und half deshalb, diesen Brief auf Deutsch zu schreiben. Sie müssen aus erster Quelle wissen, was am 27. September dieses Jahres hier geschah.

Ich bin der Vater von zwei Söhnen. Dimitri ist zwölf und Pjetrow zehn. Am 27. September saß ich mit meiner Frau an einem Tisch im Stadtpark. Mit uns mehrere andere Personen. Meine Söhne und andere Kinder rannten einem Ball nach. Es war ziemlich genau 18:30 Uhr, als wir alle eine fremdartige Vibration in unseren Ohren spürten. Das Mädchen Lena Sarokina begann zu stammeln und deutete nach oben. Dann begannen die Kinder zu schreien, und sie rannten auf uns zu. Wir waren irritiert und standen auf. Jetzt sahen wir eine große, schwach leuchtende Kugel, die sich langsam auf die Bäume herabsenkte. Es war gespenstisch, und zuerst dachte ich, es sei ein Heißluftballon. Wir redeten alle durcheinander – einige Frauen klammerten sich an uns, und die Kinder starrten sprachlos nach oben. Dann schwebten drei Wesen aus der Kugel. Sie trugen geschlossene Anzüge – doch nicht so wie die Raumanzüge sowjetischer oder amerikanischer Art. Sie waren durchsichtiger und bedeckten auch den Kopf. Man erkannte keine Gesichter. Dann begann der 16-jährige Wolodia Starshew zu schreien, und eines der fremden Wesen richtete etwas wie einen längeren, dünneren Stab auf ihn. Wolodia wurde vor unseren Augen unsichtbar. Wir rückten zusammen und riefen laut nach ihm. Jetzt schwebten noch zwei der Fremden auf den Boden, und uns alle überkam ein Gefühl von Ruhe. Jetzt erst bemerkte ich, dass die Schuhe der Fremden – wenn es überhaupt Schuhe waren – glänzten bronzefarben. Von einem der Wesen zeigte sich plötzlich das Gesicht: Es hatte drei Augen und war definitiv nicht menschlich. Insgeheim hatte ich immer noch gehofft, es möge irgendeine Maskerade oder meinetwegen ein Amerikaner sein – doch die Fremden waren nicht irdisch.

Langsam senkte sich die Kugel auf die große Lichtung im Stadtpark hinunter. Drei der Fremden schritten gemächlich in Richtung der Bushaltestelle Masch-Met und von dort aus hinüber zur Mendelejew-Straße. Die Gruppe von Menschen, die dort stand, rannte weg. Die Kugel kam zum Stillstand, und wir erblickten etwas wie eine Luke, aus der grelles Licht strömte. Mit einem Gegenstand knickte einer der Fremden einen kleinen Ast vom Baum und winkte damit. Dann schritten alle auf die Luke zu – wie aus dem Nichts tauchte der Knabe Wolodia wieder auf und lächelte, als ob er etwas Wunderbares erlebt hätte. Nachdem die Fremden in der Luke verschwunden waren, hob die Kugel lautlos ab und veränderte dabei ihre Farbe vom Dunkeln ins Helle und dann ins Blaue.

Verehrter Herr von Däniken, unter uns befand sich auch Herr Efremow. Er ist der lokale Vertreter der Zeitschrift Sowjetskaja Kultura *und hat über den Fall berichtet. Inzwischen haben mehrere Zeitungen das Ereignis aufgegriffen, und man versucht, das Ganze ins Lächerliche zu ziehen. Doch wir waren rund sechzig Augenzeugen und lassen uns nichts aufschwatzen, was nicht stimmt. Der Knabe Wolodia sagte später, die Fremden hätten sehr beruhigend gewirkt. Einer sei mit einem feuchten Gegenstand über seine Wange gefahren – doch niemand habe ihn direkt berührt.*

Ihr Verleger in Moskau ist mit mir der Meinung, dass Sie diese Angelegenheit von einem Augenzeugen erfahren sollen. Was immer die Zeitungen schreiben mögen. Ich und rund sechzig andere waren dabei. Sie dürfen gern zurückfragen, oder, noch besser, kommen Sie nach Moskau. Ihr Verleger würde hier eine Signierstunde organisieren. Wir haben keine Zweifel, dass viele Moskauer zur Signierstunde kommen würden.

18. August 2020

Verehrter Herr von Däniken,

ich habe gerade Ihr Interview mit Thomas Frei angesehen, und so habe ich mich entschieden, Ihnen mein kürzliches Erlebnis zu schildern.

Mein Freund und ich standen am Strand seines Wohnortes Negombo in Sri Lanka. Es war abends bei der Dämmerung, als vor unseren Augen ein großes »Ding« zur Landung ansetzte, als wäre dies die normalste Sache der Welt. Dann schwebten zwei Wesen aus der Kugel auf meinen Freund zu und ergriffen seine Hand. Hans-Jürg (mein Freund) schwebte mit ihnen in die Ku-

gel, und die hob ab. Ich versuchte Hans-Jürg über mein Handy zu erreichen, aber es kam zu keiner Verbindung. Ich war verzweifelt, denn wie sollte ich seinen Leuten sein Verschwinden erklären? Langsam lief ich auf sein Haus zu, als das Handy klingelte. Es war Hans-Jürg, der sagte, er sei wieder am Strand. Also rannte ich zurück.

Hans-Jürg berichtete mir, die Fremden seien große, schlanke Wesen mit nur drei Fingern gewesen. Sie hätten ihn zur südlichen Spitze von Sri Lanka geflogen und dann zur nördlichen. Auf einer Art von dreidimensionalem Schirm habe er die Küste und die Menschen mit einer derartigen Klarheit gesehen, als stünde er vor ihnen. Sogar ihre Worte habe er verstanden. Damit sei ihm eine Technik demonstriert worden, die es auf der Erde noch nicht gebe. Hans-Jürg lässt fragen, ob Sie ähnliche Begegnungen kennen.

12. März 2001

Dear Eric von Däniken,

ich lebe in Elista, einer Stadt mit 300 000 Einwohnern im Süden Russlands. Wir sind die Russische Republik Kalmückien, und unser Präsident heißt Kirsan Iljumschinow. Ich arbeite in einem Büro der Regierung und kenne und schätze unseren hochverehrten Präsidenten persönlich.

Seine Exzellenz wurde am 19. Januar 2001 in einem UFO mitgenommen und einmal um die Erde geflogen. Einer der Außerirdischen sprach Russisch und erklärte unserem Präsidenten, sie würden die Erde immer wieder anfliegen und unsere Entwicklung beobachten. Dabei würden ihnen unsere Atomwaffen Sorge bereiten und wir sollten alles tun, um diese Waffen abzurüsten. Seine Exzellenz hatte den Mut, über sein Erlebnis bei einer Pressekonferenz zu berichten. Viele Journalisten belächeln ihn seither und versuchen, sein Erlebnis politisch zu seinem Nachteil zu verwenden. Doch die Mehrheit unterstützt den Präsidenten weiterhin. Ich schreibe Ihnen dies, weil ich mir vorstellen kann, dass nun auch im Westen versucht werden wird, die Republik Kalmückien und ihren Präsidenten ins Lächerliche zu ziehen. Dies ist übrigens auch seiner Exzellenz bewusst. Auf die Frage eines Journalisten, ob ihm denn nicht klar sei, dass er sich lächerlich mache, antwortete der Präsident: »Ja – das weiß ich.« Der Journalist hakte nach und fragte: »Warum machen Sie es dann?« Und seine Exzellenz antwortete: »Weil die Fremden mich baten, dies zu tun.«

23. August 2020

Sehr geehrter Herr von Däniken,

ich bin von Beruf Ingenieur und möchte Ihnen etwas mitteilen, das Sie sicherlich nachdenklich stimmen muss: Wie wir alle wissen, kommuniziert die NASA mit ihren Astronauten auf dem Mond über Funk. Fragen und Antworten fliegen rasch hin und her. Jetzt aber benötigt ein Funksignal von der Erde zum Mond und zurück exakt 2,6 Sekunden. Dazu kommen noch weitere 2 Sekunden wegen der Technik des Sendens und Empfangens. Wie kann Houston den Astronauten auf dem Mond eine Frage stellen und nur eine halbe Sekunde später eine Antwort empfangen, wo doch die Signale 2,6 Sekunden für das Hin und Zurück benötigen? Irgendetwas geht hier nicht auf.

21. August 2020

Dear Erich,

ich bin ein Experte in »Aliens«, weil ich schon lange mit ihnen kommuniziere. Die Aliens können Körper annehmen, sind aber in ihrer Welt eher »spirituelle Wesen«. Sie beobachten unsere Entwicklung und greifen auch ein, indem sie Menschen zu speziellen Taten inspirieren. Etwa zu technischen Innovationen oder politischen Weltanschauungen. So manchen Fortschritt unserer Zeit – angefangen beim binären Computer über den Quantencomputer bis hin zum für Radar unsichtbaren Stealth-Bomber – verdanken wir der Beeinflussung von Außerirdischen. Wozu? Wir sollen Technologien entwickeln, die Reisen zu den Sternen möglich macht.

1. Februar 2021

Sehr geehrte Damen und Herren,

wissen Sie eigentlich, dass keine unserer irdischen Sonden, die die Marsmonde Phobos und Daimos anflog, ihr Ziel erreichte? Zwar gelangen Fotografien von beiden Monden [zu uns], doch keine Nahaufnahmen. Alle unsere irdischen Sonden »erblindeten« beim Direktanflug auf die Monde. Haben nicht Sie, Herr von Däniken, irgendwo publiziert, die beiden Marsmonde Phobos und Daimos seien hohl – und damit künstlich? Ich würde gerne mehr darüber erfahren.

8. Februar 2020

Verehrter Herr von Däniken,

ich hatte versucht, Sie persönlich zu Hause und auch in Ihrem Büro zu erreichen, aber ich kam nicht durch. Es geht um Folgendes: Am 26. Januar waren meine Frau und ich unterwegs in Richtung Cochem an der Mosel und beobachteten ein plötzlich auftauchendes, dreieckiges Objekt, das an derselben Stelle stehen blieb. Ich machte vier Aufnahmen und schickte sie auch an die deutsche Flugüberwachung. Doch wer UFOs meldet, wird von den Behörden nicht ernst genommen. Das Objekt war definitiv weder eine Drohne noch ein militärisches Fluggerät. Was bleibt dann übrig? Wer beobachtet uns?

18. Mai 2013

Sehr geehrte Damen und Herren,

im Alter von 14 Jahren erfuhr ich zum ersten Mal die unmögliche Geschichte von Bob Lazar. Er behauptete, mehrere Jahre in einem geheimen Gebiet des Namens Area 51 in Nevada gearbeitet zu haben. Dort hätten sie ein abgestürztes UFO untersucht, um die Technik der Außerirdischen zu verstehen. Sein Bericht kam auch in die Öffentlichkeit, doch der offizielle Regierungssprecher bestritt Lazars Angaben und meinte, ein Gebiet namens Area 51 existiere in Nevada nicht.

Am 18. November vergangenen Jahres traf ich Bob Lazar persönlich. Dies geschah in New York anlässlich eines Vortrages. Er bestätigte seine damaligen Aussagen, und wie allgemein bekannt ist, hat die US-Regierung inzwischen die Existenz von Area 51 zugegeben. Doch ganz offensichtlich wird die Mensch-

heit über UFOs angelogen. Sie, Herr von Däniken, sollten unbedingt nachfolgendes Dokument herunterladen: https://fbi.gov/news/stories/ufos-and-the-guy-hottel-memo.

Mit freundlichen Grüßen, und hören Sie nicht auf zu schreiben!

29. April 2020

Hallo, Herr von Däniken,

vor erst 20 Minuten haben mein Freund und ich über Rastatt in Baden-Württemberg eindeutig UFOs gesehen und auch gefilmt. Die fremden Objekte vollführten höchst seltsame Flugbewegungen. Ruckartig und aus dem Stand heraus. Dann formierten sie sich zu Linien oder Dreiecken. Sehen Sie sich die Filmschnitte an, die ich mitsende. Ich kenne Drohnen und Ähnliches. Was da auftauchte, war keine irdische Technologie. Können Sie weiterhelfen?

10. Januar 2019

Sehr geehrter Herr von Däniken,

seit Ihrem ersten Buch bin ich begeisterte Leserin Ihrer [in Ihren Büchern geäußerten] Gedanken und bewundere Ihre Sachkenntnis. Doch in keinem Ihrer Werke las ich etwas über die Tatsache, dass UFOs immer wieder Nuklearanlagen und Silos mit Atomraketen ansteuern. Ganz offensichtlich können die UFO-Wesen unsere Atomraketen lahmlegen, ohne sie zu zerstören. Sie sollten unbedingt das Buch UFOs und Atomwaffen *von Robert L. Hastings lesen. Es erschien im Kopp Verlag. Hastings ist der führende Forscher zum Thema UFO-Aktivitäten über Atomwaffenanlagen. Er hat rund 150 ehemalige Angehörige der US-Streitkräfte interviewt und beweist eindeutig, dass UFOs unsere Atomwaffendepots und unsere Abschussanlagen besuchen und in mehreren beweisbaren Fällen die abschussbereiten Raketen auch lahmlegten. Robert Hastings hat darüber an unzähligen Hochschulen referiert.*

18. März 2020

Sehr geehrter Herr von Däniken,

auf der NASA-Homepage bin ich auf ein paar seltsame Bilder gestoßen, welche Sie sich ansehen sollten. Die Bilder stammen von einem Weltraumteleskop, das auf die Sonne gerichtet ist. Am rechten Bildrand taucht ein rundes, riesiges Ding auf, das dann zum Stillstand kommt und plötzlich eine Art von »Schild« vor sich herschiebt. Am 16. März wurde das Bild von der NASA halbiert und ist jetzt nicht mehr zur Gänze sichtbar. Was halten Sie davon?

27. März 2020

Hallo Herr von Däniken,

vor vielen Jahren durfte ich Ihnen in Baden-Baden bei einem Vortrag begegnen. Daher weiß ich, dass Sie ein ganz normaler Mensch sind. Deshalb schreibe ich.

Ich lebe allein auf einem Berg des Namens Belchen in 510 Metern Höhe. Durchschnittlich alle 2 Monate kann ich nachts frem-

de Objekte am Firmament beobachten, die weder etwas mit den Flughäfen Stuttgart oder Basel noch Zürich zu tun haben. Oft bleiben die Objekte an einem Punkt stehen, teilen sich dann und bilden Formationen von Linien und Dreiecken. Dann erfolgen Manöver in einer Weise, die ich mit dem Fernglas nicht verfolgen kann. Doch erkennt man auch mit bloßem Auge, was geschieht. Rasche Positionswechsel. Wissen Sie, was hier abgeht?

17. Januar 2020

Verehrter Erich v. D.,

seit vielen Jahren zähle ich zu den Lesern Ihrer Bücher, und seit meiner Pensionierung habe ich noch mehr Zeit, mich mit diesen ungelösten Rätseln herumzuschlagen. Weshalb trauen sich berühmte Wissenschaftler und Politiker erst jetzt an die Öffentlichkeit? Neben dem Ex-Verteidigungsminister Kanadas, Paul Hellyer, der sagte, Außerirdische seien unter uns, auch Dr. Yves Sillard. Der war immerhin der Chef der französischen Raumfahrtbehörde CNES. Er meinte, und die französische Tageszeitung Le Temps *hat es abgedruckt, die Existenz von UFOs unterliege keinem Zweifel mehr. Warum sagten die Herren das nicht schon früher? Kommt jetzt die Zeit der Aufklärung?*

29. Juni 2020

Dear Erich,

als ich 8 Jahre alt war – und dies liegt 26 Jahre in der Vergangenheit –, hörte ich plötzlich Stimmen in meinem Gehirn. Sie waren klar und nicht etwa verwirrend, wie man es von psychisch gestörten Personen hört. Meine besorgten Eltern brachten mich auch zu einem Psychiater. Doch der bestätigte ihnen: Ich und mein Gehirn funktionierten normal. Zudem hörten die Stimmen nach dem Arztbesuch auf. Inzwischen bin ich 34-jährig und in einem Beruf, der klares Denken und klare Befehle kennt. Ich bin Berufsoffizier. Und nun höre ich wieder Stimmen. Dies immer kurz vor dem Einschlafen. Die Stimmen sagen, wir sollten Technologien entwickeln ohne den Zwang eines Krieges. Diese Technologien würden uns zu den Sternen bringen. Irgendwie erinnere ich mich, etwas Derartiges in einem Ihrer Bücher gelesen zu haben. Könnten Sie mir bitte schreiben, in welchem Buch das war? Vielleicht ergibt sich ein Zusammenhang.

13. Juni 2020

Sehr geehrte Damen und Herren,

im Rahmen meiner Suche nach Exoplaneten (Universität Straßburg) bin ich auf ein offensichtlich künstliches Objekt im Weltraum gestoßen. Das Ding ist gigantisch und gleicht einem Riesenrad. Wenn die Berechnungen stimmen, müsste es einen Durchmesser von mehreren Kilometern aufweisen. Das Objekt wird durch eine senkrechte und eine waagrechte Verstrebung zusammengehalten. Auffällig am Objekt sind vier große, tiefschwarze Flecken. Übrigens hat auch die NASA mehrere Aufnahmen dieses Objektes. Allerdings nur in grau-schwarz und verkleinert. Mein eigenes Radarbild zeigt mehr Details als jenes der NASA. Mich erinnert das Ganze an ein Mutterraumschiff, über das Herr von Däniken in seinem Vortrag sprach.

20. Januar 2019

Bewunderter Herr von Däniken,

heute entdeckte ich auf dem Kanal GAIA zum ersten Mal einen Vortrag von Ihnen. Sensationell, was Sie da betreiben. Weiter so! Ich und mein Verlobter haben übrigens auch ein UFO-Geschehen miterlebt. Wir beide saßen auf seinem Motorrad und trugen selbstverständlich unsere Helme. Plötzlich bremste Siegfried abrupt, deutete zum Firmament und fragte: »Siehst du das auch?« Links oben vor uns stand etwas wie ein riesiger Ballon, das kein Ballon sein konnte. Das Ding vollführte einen Satz nach rechts und einen weiteren nach oben. Und dies in einer Geschwindigkeit, dass unsere Augen kaum folgen konnten. Erschrocken stiegen wir ab. Siegfried bat mich, den Helm nicht abzunehmen. Wir liefen einige Meter bis unter die Büsche am Straßenrand und beobachteten, wie das ballonartige Ding langsam über die Wipfel flog, als ob es etwas suchte. Jetzt bemerkten wir auch so etwas wie einige beleuchtete Fenster – es könnte aber auch etwas anderes als Fenster gewesen sein. Jedenfalls Lichter. Wir beide bekamen Schiss und befürchteten, das Ding suche möglicherweise uns. Siegfried meinte, falls die uns suchten, würden sie uns so oder so orten können. Allein schon durch unsere Wärmeabstrahlung. Plötzlich machte das Ding wieder einen schnellen Satz nach oben, verfärbte sich bläulich und verschwand. Wir beide sind normale Menschen. Siegfried arbeitet in einem Architekturbüro und ich bei der Security am Flughafen von Stuttgart. Was wir gesehen haben, hat mit unseren Flugzeugen oder Helikoptern nichts zu tun. Ganz abgesehen davon, dass sich das Ding vollkommen lautlos bewegte. Und was für uns unbegreiflich ist, bleibt die Tatsache, dass unsere Flugüberwachung diese Dinger doch auch auf ihren Radarschirmen haben müsste. Warum geschieht nichts? Keinerlei Abwehr von unserer Seite. Kennen Sie ähnliche Fälle?

28. März 2021

Dear Mister von Daeniken,

ich lebe in einem Vorort von Washington, D.C., USA, und bin Berufspilot bei der Air Force. Es ist mir ein Bedürfnis, Ihnen mitzuteilen, was Mister John Ratcliffe, der Ex-Manager der US-Geheimdienste, der hiesigen Presse bekannt gegeben hat. Es könnte ja sein, dass seine Verlautbarungen die ferne Schweiz nicht erreichen. Während [einer Zeit von] 5 Jahren – von 2015 bis 2020 – vertrat John Ratcliffe Texas im US-Repräsentantenhaus, und im Kabinett von Präsident Trump wirkte er als Director of National Intelligence – also im Geheimdienst. Auf die Frage eines Journalisten nach UFOs sagte Ratcliffe, sowohl Piloten der Navy als auch solche der Air Force hätten mehrere Objekte am Firmament aufgenommen und über Radar registriert, die »Flugeigenschaften aufzeigen, die wir uns nicht erklären können«. Selbstverständlich würden sie nach »natürlichen Erklärungen« suchen, weil es ja sein könnte, dass Russland oder China Geheimwaffen entwickelten, die den USA unbekannt seien. Aber es gebe viele Fälle, in denen alle natürlichen Erklärungen – auch die von hochfliegenden Drohnen – versagten. Dies umso mehr, als das Phänomen nicht nur auf die USA beschränkt bleibe, sondern weltweit registriert werde. Inklusive von Satelliten im Orbit.

Es bewegt sich etwas, Herr von Däniken! Möge Ihre Pionierarbeit endlich gewürdigt werden.

8. Dezember 2019

An Herrn Erich von Däniken,

während meines 9 Jahre langen Aufenthalts in Teneriffa hatte ich Kontakt mit Außerirdischen. Sie teilten mir auch mit, weshalb sie da sind, und ich habe zwei Kinder von ihnen. Beides Söhne, und beide arbeiten inzwischen bei der Europäischen Weltraumagentur ESA. Wir sollten uns mal treffen. Sowohl meine Söhne als auch ich hätten Ihnen einiges zu erzählen. Gerne höre ich von Ihnen und verbleibe mit freundlichen Grüßen.

4. Dezember 2019

Einen schönen Tag, Herr von Däniken,

am 24. Oktober 2016 erlebte ich eine Begegnung der Fünften Art. Weil mein Bett kaputt war, schlief ich im Wohnzimmer. Wenige Minuten nach Mitternacht erwachte ich wegen eines grellen Lichts, das aus unserer Küche kam. Kurz darauf drückte etwas das Kopfkissen auf mein Gesicht – aber so, dass ich ruhig atmen konnte. Unter dem Kissen konnte ich durchblicken und sah ein Wesen mit großem Kopf und drei extrem langen Fingern. Mir schien, als suche das Wesen nach etwas. Ich wurde aber nicht schlau, wonach, und reden konnte ich nicht. Unerwartet hörte der Druck auf mein Gesicht auf, und jetzt sah ich zwei der Wesen, die die Schiebetüre zur Küche zuschoben. Dann wurde es dunkel, und ich richtete mich auf. Etwas verängstigt ging ich die wenigen Schritte zur Küche, öffnete die Schiebetüre und machte Licht. Aber da war nichts. Weder offene Schubladen noch ein offenes Fenster. Da ich im Parterre eines Zweifamilienhauses lebe, ging ich hinaus und sah ein extrem helles UFO am

Firmament. Noch während ich hochstarrte, verschwand das UFO am Nachthimmel.

Ergänzend sollte ich noch mitteilen, dass ich bereits als 8-jähriges Mädchen nachts ein UFO über unserem Bauernhof bei Holzkirchen sah. Wir lebten damals in Oberbayern.

29. September 2019

Dear Secretary of Mister von Däniken,

gestern Abend um 18:20 Uhr konnte ich zufälligerweise ein UFO filmen. Ich saß draußen und filmte mit meinem Handy zwei Vögel, die sich in der Luft stritten. Das UFO tauchte über ihnen auf und leuchtete in grellem Blau. Was geschieht hier eigentlich über unseren Köpfen, und niemand schreibt darüber? Ich lebe übrigens am Stadtrand von Benin in Nigeria und würde die Aufnahmen gern an Herrn Däniken überspielen. Doch dazu benötige ich seine Koordinaten.

10. Juni 2019

Lieber Herr von Däniken,

zuerst möchte ich mich für Ihr Lebenswerk bedanken. Mögen Sie 200 Jahre alt werden und Beweise sammeln, die die Menschen überzeugen. Der eigentliche Grund meines Schreibens ist ein UFO, das ich am 8. Oktober 2018 filmte. Es sind Nachtaufnahmen, und sie zeigen leider nicht die Farbenvielfalt, die meine Augen sahen. Es ging um Lichter in Grün, Weiß und Orange. Sie pulsierten und vollführten wahnsinnig schnelle Manöver, für die ich keine Erklärung habe. Mal waren sie an einem Punkt, dann plötzlich weit links davon, dann [schossen sie] wieder im rechten Winkel nach oben. Die Lichter formierten sich zu Dreiecken und Linien. Einfach unfassbar. Bitte schauen Sie sich das Video an und lassen Sie mich wissen, was Sie davon halten. Ich meine: Wir werden beobachtet.

27. Juli 2019

Hi Erich,

im Oktober 1997 lebte ich in Alamogordo in New Mexico bei einem Freund mit Namen Dan Fry. Dan stand in Dauerkontakt mit Außerirdischen, denn er half ihnen, hier zurechtzukommen, und versorgte sie auch mit den nötigen Dokumenten. Die ganze Geschichte ist zu lang, um sie niederzuschreiben. Deshalb sollten wir zusammenkommen. Dan weiß mit absoluter Sicherheit, dass die Außerirdischen sich nur zum Besten für die Menschheit unter uns mischen. Sie bereiten uns für ein größeres Ziel vor, das noch in der Zukunft liegt. Sie, Herr von Däniken, sind jederzeit willkommen in unserer Gemeinschaft. Wir leben in drei runden Häusern mit Dächern, die einem UFO nachempfunden sind.

16. November 2019

Sehr geehrter Herr von Däniken,

ich möchte Sie auf das Buch Engel in Sternenschiffen *aufmerksam machen, das allerdings bereits über 40 Jahre alt ist. Dort erfahren Sie einiges über UFOs in früheren Jahrhunderten. So schreibt der römische Dichter Cicero im 43. Kapitel seines Werkes* De divinatione *über »Kugeln am Himmel«. Oder Iulius Obsequens in seinem* Liber prodigiorum *über »flammende Schilde«. Dieselbe Beschreibung verwenden Plutarch und Seneca. Xenophon unterscheidet im zwölften Kapitel seiner* Anabasis *die himmlischen Objekte in »Glocken-«, »Teller-« und »Muschelform«. Und der Chronist Lycosthenes schreibt über »Kreuze und Balken am Himmel«. Oder Cassius Dio: Der beschreibt, wie bei der ersten Landung der Römer in England unter Aulus Plautius im Jahre 43 vor Christus ein rundes Objekt wie ein Blitz »von Osten nach Westen gefahren sei«. Die Zeitung von Alt-Nürnberg schreibt von »Kugeln am Himmel«, die im Sommer 1561 über der Stadt gesichtet und von unzähligen Menschen beobachtet wurden.*

Es scheint, als ob sich das UFO-Phänomen durch die Jahrtausende ziehe. Sie, verehrter Herr von Däniken, haben ja in Ihren Büchern unzählige alte Schriften bemüht, in denen sogenannte »Götter« zu den Menschen herniederfuhren und sie unterwiesen. Für mich stellt sich die Frage: Wer sind wir eigentlich? »Gehören« wir irgendwem?

Antworten

Bis zu diesem Punkt des ersten Kapitels präsentierte ich gerade einmal 30 Briefe an mich – von Tausenden. Waren diejenigen, die sie schrieben, alles Spinner? Psychopathen? Träumer? Wichtigtuer? Einzelfälle?

In den Jahren 2007–2015 wurden allein bei den US-Behörden 121 036 UFO-Sichtungen registriert. Nun zeigt aber die Erfahrung, dass sich nach einem ungewöhnlichen Lichtspektakel am Firmament nur etwa jeder Zehnte bei den Behörden meldet. Ergo würde die tatsächliche Zahl von UFO-Sichtungen innerhalb von 8 Jahren bei 1 210 036 liegen. Allein in den USA. Eine Umfrage des Magazins *National Geographic* ergab Folgendes: 36 Prozent aller Amerikaner sind überzeugt von der Existenz der UFOs, und weitere 47 Prozent halten UFOs für wahrscheinlich. Dabei sind 70 Prozent aller US-Amerikaner der Meinung, sie würden von ihrer Regierung nicht korrekt informiert, was UFOs angeht. Die Bevölkerungszahl der USA beläuft sich auf rund 220 Millionen Menschen. 160 Millionen von ihnen trauen ihren Behörden nicht, wenn es um UFOs geht. Die beiden Autorinnen Linda Miller und Cheryl Costa, die diese Daten in einem 360-seitigen Buch veröffentlichten, meinten am Ende ihres Berichtes: »Bei den UFOs geht es nicht nur um Lichter am Firmament, sondern auch um handfeste Lügen auf der Erde.« [1]

Von den Leserbriefen greife ich den Fall des Knaben Andreas heraus. Das deutsche Jugendmagazin *Bravo* hatte seine Geschichte publiziert, und zwei Redakteure des Blattes riefen mich an und baten um meine Meinung. Ich hatte keine – weil ich den Burschen nicht kannte. Also stellten mir die *Bravo*-Redakteure Andreas persönlich vor. Dies geschah bei mir zu Hause in Feldbrunnen, Schweiz. Andreas machte einen gefassten Eindruck und ließ sich auch durch mein Kreuzverhör nicht irritieren. Mit seiner Einwilligung und derjenigen seiner Mutter begann ich, mit dem Burschen Champagner zu trinken. Mein Ziel war es, ihn leicht beduselt aus der Fassung zu bringen. Das gelang auch und ich sagte sinngemäß: »Andreas, ich werde dich nicht verraten, aber jetzt sag mir die Wahrheit.« Da begann Andreas zu schluchzen. Er sei bitter enttäuscht von mir. Ich hätte ihn nur reingelegt, um seine Worte zu verdrehen. Er beharrte – trotz des leichten Alkoholeinflusses – auf seinen Erlebnissen.

In den darauffolgenden Monaten wurde Andreas in mehrere TV-Shows eingeladen – und belächelt. Er litt sehr darunter. Ich lud ihn ein, mich auf einer Vortragstour als technischer Mitarbeiter zu begleiten. Er sollte die Diaprojektoren bedienen und in der Pause Bücher verkaufen. Andreas verrichtete seine Arbeit tadellos. Ich hatte unzählige Gelegenheiten, ihn über seine UFO-Erlebnisse weiter auszufragen und auszuhorchen. Nach Monaten gelangte ich zu der Überzeugung, Andreas habe sein erstes UFO-Erlebnis, jenes auf dem Balkon seines Elternhauses auf Teneriffa, tatsächlich erlebt. Der Rest seiner Geschichte mag seinen eigenen Vorstellungen entsprungen sein. Andreas starb noch als junger Mann in einem Krankenhaus in Frankfurt am Main.

In den vergangenen Jahrzehnten war es üblich, über UFOs zu spotten und Menschen, die UFO-Erlebnisse schilderten, zu belächeln. Dieses Verhalten gehörte zur gerade herrschenden Vernunft – wer wollte schon unvernünftig sein? Doch keiner der Abertausenden von Journalisten und Wissenschaftlern, keiner der Millionen von Skeptikern ahnte, dass er in Wirklichkeit als nützlicher Idiot missbraucht wurde. Wie komme ich darauf?

Bereits im Januar 1953 hatte der US-Geheimdienst CIA folgenden Befehl herausgegeben:

»Alle Behörden des Geheimdienstnetzes sind dazu angehalten, die Massenmedien zum Zwecke der Diskreditierung zu beeinflussen und zivile UFO-Forschungsgruppen zu infiltrieren … UFO-Berichte sollen unglaubwürdig und lächerlich gemacht werden …, das öffentliche Interesse an UFO-Vorfällen soll nachdrücklich ausgehöhlt werden.« [2]

Ebenfalls 1953 war das sogenannte Robertson-Gremium (Robertson Panel) gegründet worden. H. P. Robertson, ein Physiker vom California Institute of Technology und Fachmann für moderne Waffensysteme, wurde Vorsitzender des Gremiums. 22 Jahre später – 1975 – wurden einige Protokolle des Robertson Panel bekannt. So erfuhr die Öffentlichkeit erstmals vom Befehl der CIA, die gesamte UFO-Thematik der Lächerlichkeit preiszugeben. Und alle gutgläubigen Wissenschaftler, Journalisten und Skeptiker konnten von diesem Befehl nichts wissen. Um Menschen in eine bestimmte Richtung zu beeinflussen, sind keine aufwendigen Gremien, keine Untergrundarmee, keine Verschwörer und keine Lobby von Politikern notwendig – das funktioniert viel leichter. Da alle Menschen ernst genommen werden möchten, muss eine Sache nur als »lächerlich« deklariert werden. Der Rest läuft von selbst. Jeder will vernünftig sein – prompt singen alle im gleichen Chor.

Seit den neuesten Veröffentlichungen der U.S. Air Force über UFOs werden auch die Skeptiker etwas stiller. Schon am 16. Dezember 2017 erschienen in der *New Nork Times* und später im Magazin *Politico* sowie in der *Washington Post* Berichte über ein UFO-Forschungsprogramm, das vom Pentagon durchgeführt worden war und den Kurznamen AATIP (Advanced Aerospace Threat Identification Program) trug. Dieses Programm lief in den Jahren 2007–2012 und war mit einem Budget von 22 Millionen US-Dollar ausgestattet. In jenem Programm wurde festgestellt, dass ganz offensichtlich »unbekannte Objekte« von U.S.-Navy-Jets gefilmt worden waren. Dies geschah in großen Höhen von über 11 000 Metern. Einige dieser Videos sind heute im »Netz« allgemein zugänglich.

Was hingegen immer noch nicht akzeptiert wird, sind die Entführungen von Menschen durch ETs. Darüber wird seit 60 Jahren geschrieben – aber wer nichts damit zu tun hat, will es schlicht nicht wahrhaben. Das Ganze ist absolut unfassbar – Entführungen übersteigen unsere Akzeptanz. Was sind Entführungen? Da behaupten Menschen unterschiedlichen Alters steif und fest, von Außerirdischen mitgenommen worden zu sein. An Bord von irgendeinem »Ding« habe man sie medizinisch untersucht, abgetastet, Haut- und Sperma- oder Eizellenproben genommen und die Opfer wieder an ihren Ursprungsort zurückgebracht.

Bis vor wenigen Jahren nahm kein Mensch derartige Berichte ernst. Schließlich kennt man die heimlichen Wünsche und Sexualträume der Menschen. Auch ist durchaus verständlich, wenn vereinzelte Damen angeben, von ETs geschwängert worden zu sein, weil sie nicht zugeben können, wer der Vater ist. Noch vor 35 Jahren hielt selbst ich Entführungsberichte für ziemlich daneben. Doch meine Überheblichkeit war falsch. Ich musste umdenken. 1987 legte der amerikanische Autor Budd Hopkins das Resultat einer mehrjährigen, wissenschaftlichen Studie über Entführungen vor. [3] Darin schilderten die befragten Personen, wie man ihnen Sperma- oder Eizellenproben entnommen habe. Darunter gab es Fälle, in denen dieselbe Person gleich dreimal an die Reihe kam: im Pubertätsalter, als junger Mann und als 35-jähriger Erwachsener. Die Entführer hatten ihre Opfer markiert – genauso, wie wir Zugvögel, Delfine oder Bären markieren.

Kurz nach Hopkins Bericht meldeten sich andere Autoren mit ähnlichen Geschichten zu Wort. [4, 5] Nicht nur Einzelpersonen, sondern ganze Familien sollen in ihnen fremd erscheinenden, hell erleuchteten Räumen untersucht worden sein. Normal denkende Menschen mussten das alles für vollkommen absurd halten. Es durfte einfach nicht wahr sein.

Dann, im Jahre 1994, erschien ein Buch über Entführungen von Dr. Johannes Fiebag. Den kannte ich persönlich sehr gut, und ich zweifelte keine Minute an seiner Glaubwürdigkeit. [6] Dr. Fiebag (1956–1999) war Naturwissenschaftler und ein grundehrlicher Mensch. In seinem Buch berichtete er auch über den Fall der Berlinerin Maria Struwe. Eine »hübsche Frau«, schreibt Fiebag, »intelligent, aufmerksam, kritisch und ohne Scheu«. Maria Struwe berichtete, wie sie nach einer Entführung auf einer Art Tisch lag, links und rechts neben ihr befanden sich kleine Wesen mit großen Köpfen und großen Augen. Frau Struwe war zu jenem Zeitpunkt schwanger mit ihrem dritten Kind. Die fremden Gestalten entnahmen Frau Struwe ihren Embryo. Tags darauf besuchte sie ihren Arzt, und der stellte verblüfft fest, es liege keine Schwangerschaft mehr vor. Gleichzeitig endeten alle Schwangerschaftssymptome.

Nach einiger Zeit und trotz der seltsamen Ereignisse verspürte das Ehepaar Struwe erneut den Wunsch nach einem dritten Kind. Weil alle natürlichen Zeugungsversuche scheiterten, entschlossen sich die Struwes zu einer künstlichen Befruchtung. Doch wegen unerwarteter Schmerzen wurde der Eingriff abgebrochen. Später wurde Frau Struwe trotzdem schwanger und gebar ihr drittes Kind – Sebastian.

Nichts Außergewöhnliches? Moment. Der kleine Sebastian babbelte von seltsamen Wesen, bei denen Monster mit großen Köpfen und großen Augen vorkamen. »Ich habe«, sagte Sebastian, »kleine Kinder in Kästen gesehen.« Die Fremden mit den großen Köpfen hätten ihm Flüssigkeiten eingegeben. Und sie hätten sich mit ihm »von innen heraus« unterhalten. Telepathisch? Als Dr. Fiebag dem Jungen einige Zeichnungen vorlegte, die verschiedene Varianten von Außerirdischen darstellten, identifizierte Sebastian »die Kleinen mit den großen Köpfen« sofort.

Was geht hier eigentlich vor? Was Dr. Fiebag im deutschsprachigen Raum analysierte, tat der Historiker Professor David Jacobs in den USA. Er erkennt in den Sperma- und Eizellenentnahmen sowie in den künstlichen Befruchtungen die eigentliche Ursache aller Entführungen. Der Zweck sei die Aufzucht einer außerirdischen Lebensform in einem menschlichen Körper. [7]

Alles Unsinn? Eine Modeerscheinung? Sind plötzlich Abertausende von Menschen, die sich nicht kennen und Kontinente voneinander entfernt leben, vom selben Virus infiziert?

Nein, sagte einer, dem man zuhören musste. Dr. John Mack (1929–2004) war Professor für Psychologie und Psychiatrie an Amerikas berühmter Harvard-Universität in Boston. 1997 erhielt er den Pulitzer-Preis für sein Werk *A Prince of Our Disorder*. Er kannte seinen Beruf und durchschaute auch schnell die Tricks, Lügen oder Fantastereien seiner Probanden. Nun gab es auch an seiner Uni immer wieder vereinzelt Menschen, die behaupteten, von Außerirdischen entführt worden zu sein. Professor Mack hielt sie für »Eingebildete«. Dann kam es zu einer zufälligen Begegnung mit Budd Hopkins, dem bereits erwähnten Autor des Buches *Eindringlinge*. Rein aus psychologischer und soziologischer Sicht begann sich John Mack zu fragen, was nur in den Gehirnen dieser Menschen vorgehe, die glaubten, von ETs entführt worden zu sein.

In den darauffolgenden Jahren lernte Professor Mack Hunderte von Menschen kennen, »aus verschiedenen Teilen der USA, die untereinander nie Kontakt gehabt hatten«, die von sich behaupteten, entführt worden zu sein. Der größte Teil dieser Menschen war durchaus vernünftig und stand mit beiden Beinen auf dem Boden der Tatsachen. Aber irgendetwas konnte in ihren Gehirnen nicht richtig ticken – glaubte John Mack. Schließlich begann er mit 78 Personen eine gründliche Studie und durchleuchtete seine Probanden nach allen Regeln seiner Berufskunst. Das Resultat war ein 500 Seiten dicker Wälzer mit dem Titel *Abductions: Human Encounters with Aliens* (in deutscher Übersetzung: *Entführt von Außerirdischen. Der Alien-Report)*. [8] Macks Berufskollegen und alle Skeptiker waren schockiert. Hatte man doch allgemein erwartet, der berühmte Harvard-Gelehrte würde dem Entführungsgedanken endlich eine fundierte, wissenschaftliche Absage erteilen, so geschah jetzt genau das Gegenteil. Ja – lautete die Zusammenfassung seiner Untersuchungen –, Außerirdische müssen da sein, die Entführungsopfer spinnen nicht, Spermaabsaugungen, künstliche Befruchtungen und Embryoentnahmen haben stattgefunden und entspringen keinem psychologisch noch so einleuchtenden Wunschdenken der Opfer. Ganz offensichtlich – so der Harvard-Professor – »sind wir Teilnehmer in einem Universum, das wimmelt von intelligenten Lebensformen, von denen wir uns abgeschnitten haben«. [8]

Die meisten Entführungen laufen nach dem gleichen Muster ab. Kleine Wesen mit überdimensionierten, rabenschwarzen Augen und einer gräulichen Haut bewegen sich plötzlich im Schlafzimmer, als ob sie durch die Wände gekommen seien. Vereinzelt wurden auch Entführungen aus dem Auto heraus geschildert. Oft sind am Himmel dubiose Lichter erkennbar. Die Entführungsopfer empfinden Angst, geraten in Panik und durchleben Horrorvorstellungen. Doch sie werden beruhigt und körperlich paralysiert. Dann beginnt ein gespenstischer Flug durch das Fenster oder die Balkontüre, und obschon sich manche Opfer wie »gebeamt« (als Teil eines Materietransportes in einem Energiestrahl) vorkommen, spüren sie den Luftzug und die Frische der Nacht. Die Opfer geraten in einen Raum und begreifen nicht, wie sie dort hineingekommen sind. Nirgendwo gibt es Türen oder offene Durchgänge. Drinnen ist es sehr hell, die Entführten werden auf eine Art von Operationstisch gelegt und mit undefinierbaren Geräten untersucht. Haar-, Haut- und Spermaproben werden entnommen, bei den Frauen Eizellenproben. Feine Nadeln und andere Gegenstände werden in die Körperöffnungen geschoben. Um den Tisch herum stehen mehrere der kleinen Typen, doch nur einer scheint die Funktion des Chefs zu haben. Die Behandlung der Opfer durch die Entführer kann sehr unangenehm sein und wird als widerlich empfunden. Offensichtlich verstehen es die Fremden, das Schmerzzentrum ihrer Opfer zu neutralisieren. Nach der Prozedur findet oft ein Dialog statt, in dem einer der Fremden entweder die Sprache seines Opfers beherrscht, oder die Kommunikation erfolgt direkt über das Gehirn. Dabei versuchen die Entführer, ihren Opfern klarzumachen, weshalb sie tun, was sie tun. Sie seien eine sehr alte Spezies und benötigten frisches Erbgut, um zu überleben. Mehreren Entführten sind Kästen mit menschlichen Embryos gezeigt worden, wobei die Embryos in einer Flüssigkeit lagen oder schwammen. Auf demselben Weg, wie sie kamen, gelangen die Entführten wieder nach Hause. Dabei kam es auch schon zu Pannen, bei denen Entführte in einer fremden Umgebung aufwachten oder mitsamt ihrem Auto über eine Distanz von mehreren Hundert Kilometern versetzt wurden.

Gespenstisch – ist man versucht zu sagen. Das *können* doch nur Träume und Fantasien sein – oder? Sie sind es aber nicht, denn mehrere Opfer konnten verheilte Wunden an ihren Körpern zeigen. In seinem Buch *Eindringlinge* zeigt Budd Hopkins Bilder von Narben an den Körpern verschiedener Entführter. Ein Jurist trug eine Narbe an der Wade davon, ein Biologe über dem Knie und ein höherer Angestellter an der rechten Hüfte. Hopkins berichtet über 27 weitere Entführungsopfer, mit denen er sprechen konnte und die allesamt Narben trugen. Wobei die Entführten unterschiedliche Geschichten durchlebten.

So war der Wagen des jungen Steven Kilburn von der Straße ins Gelände abgekommen, obschon der Bursche versuchte, kräftig gegenzusteuern. Anschließend standen drei kleine Wesen mit großen Köpfen vor ihm. Steven schwebte in ein UFO und landete auf einem Gestell in der Art eines Andreaskreuzes.

Sein Körper wurde mit verschiedenen Geräten abgetastet, und über seinen Penis wurde etwas wie ein Schlauch gelegt, durch den später Sperma abgezogen wurde. Nach der Prozedur saß Steven plötzlich wieder am Steuer seines Wagens. Wer nun denkt, eine sexuelle Lust habe den jungen Steven Kilburn gepackt und er habe im Auto onaniert, liegt falsch. Steven hatte nach dem Ereignis drei Narben am Körper, und wie erst Monate danach festgestellt wurde, trug er in der rechten Schulter ein Implantat. Es wurde später in einer Klinik in Santa Monica, Kalifornien, entfernt und untersucht. Obschon die physikalische Zusammensetzung des »Dings« bekannt ist, werden wir aus seiner Funktion nicht schlau.

Oft werden Mitglieder derselben Familie entführt, und es kommt vor, dass dieselben Menschen mehrmals, und zwar in unterschiedlichem Alter, untersucht werden. So wie beispielsweise Mary Davis im Gebiet der Copley Woods. Sie wurde sowohl im Kindesalter als auch als junge Dame und zum Schluss als erwachsene Frau entführt. Später geschah dasselbe mit ihren Töchtern Kathie und Laura. Budd Hopkins kommt zu dem Schluss, es habe sich gezeigt, »dass UFO-Besatzungen ein Interesse an verschiedenen Generationen bestimmter Familien haben«. So sei in Kanada ein junger Mann entführt worden – und Jahrzehnte später sein Sohn. Oder in Erie im US-Bundesstaat Pennsylvania eine Mutter gemeinsam mit ihrer Tochter.

Der erste bekannt gewordene Entführungsfall überhaupt ereignete sich bereits im Jahre 1957 in Brasilien. Es ist die aufregende Geschichte des ursprünglichen Farmers und späteren Rechtsanwaltes Antônio Villas Boas (1934–1991). Als 23-Jähriger pflügte er nachts ein Feld – um den heißen Tagestemperaturen zu entfliehen. Dies ereignete sich am 16. Oktober 1957 bei São Francisco de Sales im brasilianischen Bundesstaat Minas Gerais. Plötzlich tauchte ein »roter Stern« am Firmament auf, wurde größer, wuchs zu einer Kugel mit einer Kuppel obendrauf. Die Kugel landete auf drei Beinen direkt neben dem Traktor des Zeugen. Als Nächstes fiel dessen Elektrizität aus. Villas Boas sah drei Wesen auf ihn zuschweben. Irgendwie – weil er paralysiert war, weiß er nicht, wie – gelangte er an Bord eines UFOs. Dort wurde er entkleidet und mit etwas Feuchtem abgewaschen. Dann habe sich der Raum mit etwas Weißem gefüllt, das den Eindruck erweckte, als ob es Dampf gewesen sei. Anschließend habe sich eine kleine Frau mit großen Mandelaugen über ihn gebeugt und ihn erotisch stimuliert, bis er zum Orgasmus kam. Ein anderes Wesen habe ihn in sein Kinn gestochen und offenbar eine Blutprobe entnommen. Wieder andere hätten irgendwo an seinem Körper herumgekratzt.

Nachdem der Bursche Villas Boas seine Geschichte erzählt hatte, hielt sie jedermann für eine sexuelle Fantasie. Ein Arzt diagnostizierte jedoch mehrere Narben an Villas Boas' Körper. Zudem litt er an Übelkeit, Kopfschmerzen, Appetitlosigkeit und schier unaufhörlich brennenden Augen. Bei geringster Berührung seiner Haut entstanden Hämatome, und es bildeten sich kleine rötliche Knötchen. Damals, also 1957, dachte noch niemand an Implantate, deshalb wurde erst gar nicht danach gesucht. Doch Villas Boas war ein zielstrebiger junger Mann, der sich in den Kopf gesetzt hatte, Rechtsanwalt zu werden. Das schaffte er auch. Im Jahre 1989 – da war Villas Boas 55 Jahre alt – ließ er sich ein Implantat herausoperieren, von dem er immer wusste, dass es da war. Er hatte aber nie darüber gesprochen.

Wie sich bei ähnlich gearteten Fällen später – oft Monate oder Jahre nach den Entführungen – herausstellte, trugen viele der Opfer Implantate. Der größte Teil der Entführten wurde nach Abschluss der Untersuchungsprozeduren wieder an ihren Ursprungsort zurückgebracht. Es wurden aber auch vereinzelte Fälle bekannt, bei denen Menschen umkamen. So berichtete der französische Astronom Jacques Vallée über den Todesfall des 40-jährigen Jägers Raimondo Souza. [4] Der befand sich im August 1981 gemeinsam mit seinem Kumpan Anastasio Barbosa auf einem Jagdausflug, als plötzlich ein leuchtendes Objekt über ihnen auftauchte und einen Strahl auf die Jäger richtete. Verängstigt kroch Barbosa hinter die Büsche und beobachtete, wie der Lichtstrahl herumkreiste und schließlich erlosch. Nachdem das UFO verschwunden war, schrie Anastasio Barbosa nach seinem Gefährten, erhielt aber keine Antwort. Erst bei Tageslicht fand er den Leichnam. Später ergaben Untersuchungen der örtlichen Polizei, dass insgesamt vier Männer auf unbekannte Weise umgekommen waren. Alle trugen rote Flecken am Körper. Eine natürliche Todesursache im Rahmen üblicher Erklärungen – wie etwa Morde durch Schuss- oder Stichwaffen – kam nicht infrage.

Zum Vergleich: Wenn wir Menschen Tiere untersuchen, ist dies für die Opfer in nicht wenigen Fällen sehr schmerzvoll. Geht die Prozedur schief, werden die Kadaver »entsorgt«. Die Fremden hingegen beherrschen eine Technik, das Schmerzempfinden zu eliminieren, und nach der Untersuchung bringen sie ihre »Probanden« in den meisten Fällen wieder zurück. Vielleicht existiert dort draußen auch so etwas wie ein galaktischer Kodex: Du sollst nicht töten. Nur die Mörder unter ihnen halten sich nicht daran.

Über Entführungen habe ich bereits in meinem Buch *Der Jüngste Tag hat längst begonnen* [13] geschrieben. Was ist diesmal anders? – Ich weiß heute mehr als vor 25 Jahren. Wir kommen näher an die Motive der Fremden heran. Heute wissen wir, dass es ihnen nicht darum geht, die Menschheit auszulöschen. Sie sind wie Bittsteller, die keine Gelegenheit haben, uns zu fragen. Weshalb nicht? Weil unsere Astronomen noch nicht einmal zugeben, dass Außerirdische überhaupt da sind. Man ziert sich, gibt sich »wissenschaftlich«. Wir benehmen uns immer noch so, als seien wir die einzige Spezies im Universum, und falls es andere geben sollte, könnten die niemals herkommen. Und eine Kommunikation mit ihnen sei ohnehin unmöglich. Unsere brillanten Astronomen und Astrophysiker, ganz zu schweigen von den Medienmachern, sind Opfer des gerade herrschenden Zeitgeistes – unfähig, über ihre Schatten zu springen.

Mir ist auch klar, dass die Schilderungen der Entführten etwas Gespenstisches an sich haben. Wir wollen sie deshalb nicht wahrhaben und ziehen sämtliche Register der Vernunft, um sie wegzudiskutieren. Dabei verdrängen wir, dass unsere Vernunft gegenwartsbezogen ist. Soll heißen: Ein Überschallflugzeug, ein Radiosender, ein Fernsehgerät, ein Röntgenapparat, mit dem man durch den Körper sehen kann, eine Wasserstoffbombe, die ganze Städte auf einen Schlag vernichtet, eine bemannte Raumstation im Erdorbit – das alles war zu Urgroßvaters Zeiten auch unvernünftig.

Was macht mich derart sicher, dass Entführungen tatsächlich stattfinden und nicht vielleicht doch mit einem »kollektiven Unterbewusstsein« erklärt werden könnten? Da ist erstens die Vielzahl von Menschen, die Ähnliches schildert, ohne sich zu kennen und ohne je Bücher oder Artikel über Entführungen gelesen zu haben. Da sind zweitens die Narben, die von unerklärlichen Eingriffen herrühren und nichts zu tun haben mit normalen Unfällen oder irdischen ärztlichen Eingriffen. Und da sind drittens die Implantate. Auf Seite 42 seines Buches (US-Ausgabe) [8] berichtet John Mack über mehrere winzige Gegenstände, die den Opfern aus deren Körpern entnommen wurden. Kleine, nadelförmige oder runde Objekte, lokalisiert bei einem Mann im Penis, bei einer 24-jährigen Frau im Gehirnansatz, bei einem 30-jährigen Mann unter der Haut des Zeigefingers und bei einem anderen im Hinterkopf. Alle diese Implantate wurden chemisch und physikalisch gründlich analysiert. Man suchte nach organischem Material und der stofflichen Zusammensetzung. Die Resultate ergaben nichts Magisches, aber auch überhaupt nichts, was auf ihre Eigenschaften hingewiesen hätte. Das ist in etwa so, wie wenn wir das Ohrläppchen eines wild lebenden Bären mit einem Ring markieren oder einen Delfin mit einem Chip. Andere Tiere mögen den Ring oder den Chip zwar sehen, können daran herumschnüffeln, verstehen aber nicht, wozu das Ding dient. Über derartige Implantate berichtete nicht nur Prof. Dr. John Mack, sondern dies taten auch mehrere andere Forscher. Zudem sind Bilder, die Implantate zeigen, publiziert worden. [9, 10, 11]

Inzwischen existieren wissenschaftliche Abhandlungen mit Statistiken über die unterschiedlichsten Entführungsarten. [12] WO entführt? Aus dem Auto? Aus dem Schlafzimmer? Vom Balkon? Aus einer Waldhütte? WANN? Wie lange dauerte die Entführung? Gab es Zeugen? Narben? Implantate? Physiologische Untersuchungen?

Und dann gibt es noch diejenigen Informationen, die die ETs einigen Entführungsopfern mitgaben, die aber zum Zeitpunkt der Entführung auf der Erde noch unbekannt waren. Dazu gehören die Aussagen von Betty Hill, über die ich in früheren Büchern berichtete. [13, 14] (Der »Hill-Fall« war die erste Entführung, über die gleich mehrere Bücher geschrieben wurden. [15]) Bei ihren Befragungen durch Psychologen hatte Betty Hill berichtet, sie habe einen ihrer Entführer gefragt, wo ihre Heimatwelt liege. Der Fremde habe daraufhin etwas spöttisch geantwortet, selbst wenn er ihr diese Auskunft gäbe, könne sie damit nichts anfangen, denn die Menschen hätten von ihrer Sicht aus ein anderes Bild vom Sternenhimmel als sie selbst. Dann zeigte der ET Betty Hill eine dreidimensionale Sternenkarte. Sie betrachtete die Karte und fragte den Entführer, was denn die größeren und kleineren Kugeln bedeuten würden, die durch Linien untereinander verbunden seien. Der Fremde antwortete, dass es sich je nachdem um Handels- oder Forschungsrouten handele. Betty Hill – von Haus aus Lehrerin – prägte sich die Karte ein. Wieder zu Hause angekommen, zeichnete sie die Sternenkarte nach – und zwar mehrmals, auch unter Hypnose. Auf diesen Zeichnungen gab es keinerlei Sternenansammlungen wie etwa unsere Milchstraße, doch verschiedene dickere und dünnere Punkte, die sie mit Linien untereinander verbunden hatte. Zwei Bilder waren besonders in ihrem Gedächtnis haften geblieben: ein gleichschenkliges Dreieck am linken unteren Bildrand und zwei größere, auf einer Linie liegende Kugeln. Sie erinnerte sich, dass der Entführer ihr gesagt hatte, auch unser Sonnensystem sei Bestandteil dieser Karte.

Erst Jahre später betrachtete die Astronomin Marjorie Fish aus Columbus im US-Staat Ohio die Zeichnung der Hill-Karte.

Fish ist Mitglied der Mensa International, jenes exklusiven Klubs, der nur Menschen mit einem Intelligenzquotienten von mindestens 140 aufnimmt. Betty Hill hatte gesagt, der ET habe ihr versichert, unser Sonnensystem sei Bestandteil der Karte. Nun aber liegt der nächste Stern von uns rund 4 Lichtjahre entfernt – also musste eine der Distanzen zwischen zwei Punkten auf der Hill-Zeichnung 4 Lichtjahre betragen. Die Fremden waren menschenähnlich – keine Fisch- oder Tentakelwesen. Ergo konnte ihr Heimatplanet nicht völlig verschieden von der Erde sein. Nicht zu groß, nicht zu klein, nicht zu kalt, nicht zu heiß etc. Die Heimatsonne konnte weder ein Roter Riese noch ein Weißer Zwerg sein, denn in deren Umfeld hätte sich nach allem, was wir heute wissen, keinerlei Leben entwickeln können. Mit diesen und noch anderen Voraussetzungen im Kopf eliminierte Marjorie Fish immer mehr Sterne im Umkreis von 55 Lichtjahren um unser Sonnensystem. Die Distanz Erde–Alpha Centauri, dem nächstgelegenen Stern, beträgt rund 4 Lichtjahre. Also konnte die gesamte Hill-Zeichnung nicht mehr als jenen kosmischen Raum wiedergeben, der sich in einer Entfernung von bis zu 55 Lichtjahren um die Erde herum befand. Schließlich war die Nuss geknackt. Alles auf der Hill-Zeichnung passte. Betty Hill hatte in ihrer Zeichnung unten links eine Sternenkombination in Form eines gleichschenkligen Dreiecks eingezeichnet. Doch exakt diese Sterne wurden von unseren Astronomen erst im Jahre 1969 entdeckt. *Vor* 1969 konnte kein Mensch etwas von diesem Sternendreieck wissen. Betty Hill aber hatte ihre Zeichnung bereits 1964 angefertigt – 5 Jahre vor der Entdeckung durch unsere Astronomie! Dazu vermerkte der an der Northwestern University in Chicago tätige Astronom Prof. Dr. J. Allen Hynek (1910–1986):

»Das alles ist unerklärlich. Kein Astronom der Welt hat vor 1969 irgendetwas von jenem Sternendreieck gewusst, das Betty Hill in ihrer geometrischen Sternenkarte zeichnete.« [16]

Zum selben Resultat kam Prof. Dr. Walter Mitchell (1925–1996) von der Ohio State University. Gemeinsam mit seinen Studenten analysierte er die Hill-Karte und das Fish-Modell unter Einsatz eines Computers. Es blieben keine Zweifel: Betty Hills Zeichnung zeigte einen 55 Lichtjahre umfassenden Ausschnitt des Fixsternhimmels, wie er von einem Planeten der Systeme Zeta1 und Zeta2 Reticuli aus gesehen wird. Dies sind exakt die beiden hintereinanderliegenden Punkte, die Betty Hill mit Linien verbunden hatte. In den Jahren 1973 und 1974 machten sich andere Astronomen der University of Utha und der University of Chicago unabhängig voneinander an die Hill-Zeichnung. Das Resultat blieb immer dasselbe.

Damit ist die Echtheit der Entführung bewiesen. Niemand auf der Erde konnte etwas von einem Sternensystem wissen, das erst 5 Jahre nach dem Entstehen der Hill-Zeichnung entdeckt werden würde. Zudem kennen wir jetzt die Heimatbasis zumindest jener Außerirdischen, die Betty Hill und ihren Ehemann Barney in der Nacht vom 19. auf den 20. September 1961 entführten. Es sind dies die Sternensysteme Zeta1 und Zeta2 Reticuli. Das Doppelsternsystem Zeta Reticuli liegt rund 37 Lichtjahre von uns entfernt. Beide Sterne gleichen von der Größe her unserer Sonne.

Die Fachliteratur über Entführungen durch UFOs hat das Kinderzeitalter längst hinter sich. Heute wird sachlich analysiert, wissenschaftlich untersucht, mit exakten Quellenangaben beschrieben und die Spreu vom Weizen getrennt. In ihrem Buch *UFO-Nahbegegnungen* berichten die Autoren Helmut Lammer und Oliver Sidla [12] über einen Flugzeugabschuss durch ein UFO, der sich bereits im Jahre 1967 ereignete. Damals waren zwei kubanische Abfangjäger vom Typ MiG-21 in die Luft geschickt worden, weil das Radar ein fremdes Objekt im kubanischen Luftraum geortet hatte. Über Funk berichtete einer der Piloten, das fremde Objekt sehe aus wie eine hell schimmernde Kugel ohne Hoheitszeichen. Die Bodenstation erteilte der Befehl zum Abschuss. Wenige Sekunden später hörten die Männer in der Bodenzentrale einen Schrei, und eine der beiden MiG-21-Maschinen explodierte. Im Radar sah man das UFO, das danach mit einer unglaublichen Beschleunigung auf 30 Kilometer Höhe schoss und in Richtung Süden verschwand.

Heute argumentieren Skeptiker immer wieder, dass es sich in Wirklichkeit bei den UFOs nur um Drohnen handele. Entweder um solche der U.S. Air Force oder solche anderer Nationen. Im eben erwähnten Fall verpufft das Drohnenmärchen allerdings. Im Jahre 1967 existierten weder Drohnen noch Flugzeuge, die in 30 Kilometern Höhe und mehr manövrieren konnten. Genauso wenig wie 1957 im Fall von Villas Boas in Brasilien.

Was also geht hier vor sich? Was wollen diese Außerirdischen eigentlich? Weshalb werden nachweisbar Entführungen seit über 60 Jahren berichtet? Neben der eher populär zu nennenden Veröffentlichung zahlreicher UFO-Bücher wurde bereits vor 55 Jahren auch eine wissenschaftlich saubere UFO-Forschung betrieben. Damals schon forderte der französische Astronom Jacques Vallée:

»Das UFO-Rätsel ist da, und wir können nicht dauernd verweigern, es zu untersuchen. Am Ende unserer Analysen könnte es sogar sein, dass unsere eigene Existenz davon abhängt, wie ernsthaft wir diese Forschung betreiben.« [17]

Die Aussage stammt aus dem Jahr 1966! Hat sich im gesellschaftlichen Denken etwas verändert? In der Politik? Der Wissenschaft? Wie reagierten all die klugen und mit hoch entwickelter, leistungsfähiger Technik ausgestatteten Astronomen und Astrophysiker? Es wurde geschwiegen. Überheblich gelächelt. Unsinn verbreitet. Mit UFOs befasst sich doch kein seriöser Mensch! In diesem Buch habe ich jenen Befehl der CIA bereits zitiert, in dem angewiesen wurde, die gesamte UFO-Thematik der Lächerlichkeit preiszugeben. Genau genommen kennt man diesen Befehl seit über 40 Jahren. Und jeder, der es wissen will, weiß inzwischen, dass das Heer von Journalisten und Wissenschaftlern als »nützliche Idioten« missbraucht wurde. Dennoch geschieht nichts. Bei jeder politisch kontrovers erscheinenden (und erst recht bei jeder politisch unkorrekten) Aussage auf dieser Welt schreit die Presse. Bei jeder kleinen Grenzverletzung irgendeines Landes jault die Politik laut auf, und die Medien malen Kriegsszenarien in ihren Darstellungen. Jede Dummheit auf diesem Planeten erzeugt Schlagzeilen. Angefangen von den langweiligen Berichten über die Intrigen in Königshäusern und endend bei der blassen Haut des russischen Präsidenten Putin. Aber UFO-Ereignisse, Entführungen, Implantate etc., etwas, das die gesamte Menschheit angeht, finden kein Gehör. Bei dieser Geisteshaltung ist die Frage eigentlich überflüssig, weshalb die Außerirdischen mit uns nicht kommunizieren können. Wir wollen sie nicht sehen! In der Tiefenpsychologie nennt man das Verdrängung. In ihrem wissenschaftlich sauber dokumentierten Buch über UFOs vermerkt Leslie Kean dazu:

»Die Unfähigkeit, das Thema UFOs vernünftig zu besprechen und klar anzugehen, scheint ein Symptom der Furcht von seiten der Behörden zu sein. Der gesellschaftlich bedingten, unbewussten Furcht vor dem, was die Realität der UFOs für eine moderne Regierung bedeuten könnte.« [18]

Jeder kennt die NASA, aber nur die Franzosen wissen, was die CNES ist. Das Centre national d'études spatiales = das Nationale Zentrum für Weltraumforschung. Die CNES ist die französische NASA. Eine wichtige Behörde, die unzählige Satelliten in den Orbit um die Erde schoss und selbstverständlich auch an der militärischen Raketenabwehr beteiligt ist. Langjähriger Chef der CNES war der Physiker Yves Sillard. Eine Persönlichkeit, die keinen Unsinn über das Weltall verbreitet. Zum Thema UFO meinte er:

»Die objektive Realität undefinierter Luftphänomene, besser bekannt als UFOs, unterliegt keinem Zweifel mehr. Das Klima des Misstrauens und der Desinformation, ganz zu schweigen vom Spott, lässt eine überraschende Form intellektueller Blindheit erkennen.« [18]

Genauso ist es. Die Medien und die Wissenschaftler schweigen. Zum einen, weil sie sich fürchten, nicht ernst genommen zu werden, zum anderen, weil sie Angst haben. Was – um Gottes willen –, wenn sich UFOs tatsächlich als Besucher von einem fernen Sonnensystem entpuppen? Ist das dann die totale Katastrophe? Der Götterschock?

Inzwischen sind Zehntausende von Menschen von UFOs entführt worden. Und das nachweisbar seit mehr als 60 Jahren. »Die Fremden« verfügen über Millionen von Spermaproben. Was wollen die eigentlich damit? Genügt denen das Sperma eines einzigen Menschen nicht? Nein. Weshalb nicht? Weil jeder von uns einzigartig ist. Das könnte uns zwar stolz und eingebildet machen – Hallo, ich bin einzigartig! –, gleichzeitig aber auch sehr bescheiden. Bewiesen ist unsere Einzigartigkeit schon durch den Fingerabdruck. Keiner hat denselben wie sein Nachbar. Dann erst recht durch die DNS. 8 Milliarden Menschen – und die DNS eines jeden einzelnen Individuums ist verschieden von allen anderen. Deshalb können forensisch tätige Wissenschaftler anhand der DNS jeden Mörder überführen. »Die Fremden« kennen unsere Einzigartigkeit. Was machen sie damit? Sie schufen »menschliche ETs«. Menschliche Körper mit einem außerirdischen Bewusstsein. Das sind diejenigen, von denen Kanadas Ex-Verteidigungsminister Paul Theodore Hellyer sagte:

»Mindestens vier verschiedene Spezies von Außerirdischen haben die Erde seit Jahrtausenden besucht. Einige der Außerirdischen sehen aus wie wir, und sie könnten die Straße hinunterlaufen, und man würde es nicht bemerken.« [19]

Und was wollen diese ETs in Menschengestalt? Sie mischen sich unter uns. Wir sind rund 8 Milliarden Menschen – die Fremden kommen vielleicht auf 2 Millionen. Zahlenmäßig sind wir »Normalen« den ETs im Menschenkörper vielfach überlegen. Und dies wird auch so bleiben. Weshalb? Weil Sex und damit das »Kindermachen« für Menschen die begehrenswerteste Lust bedeutet. Was also soll die doch sehr minimal erscheinende Unterwanderung durch die Fremden?

Sie möchten uns darauf vorbereiten, Weltraumfahrt im großen Stil zu entwickeln. Es geht darum, zuerst ein Raumschiff, dann sukzessive mehr und mehr von ihnen zu entwickeln und zu bauen. Dies klappt aber nicht ohne eine herausragende Technologie. Diese wiederum setzt Wissen, also das »gewusst wie«, voraus. Die ETs in menschlicher Gestalt können uns dieses Wissen vermitteln. Zum Vergleich: Die NASA arbeitet gemeinsam mit über 100 000 Zulieferern. 100 000 Firmen produzieren irgendetwas, das die NASA braucht. Zum Beispiel Schmieröl. Der Mann auf der Straße mag denken: Schmieröl? Was soll das? Davon gibt's doch die verschiedensten Sorten auf Erden. Normales Schmieröl aber schmiert im Weltraum nicht. Dort existieren keine Atmosphäre, keinerlei Luftdruck und zudem eine extreme Kälte. Das Öl, das die Kolben in unserem Automotor in Bewegung hält, verhält sich im luftleeren Raum anders. Dort draußen granuliert das Öl zu harten Kügelchen. Also musste eine spezielle Mischung entwickelt werden, die ihre Schmiereigenschaften auch im Hochvakuum behält. Allein die Entwicklung dieses Weltraumöls dauerte 2 Jahre. Oder ganz gewöhnliche Schrauben, die auf der Erde perfekt ihren Dienst versehen, tun das im Hochvakuum nicht. Bei den extremen Temperaturschwankungen bröseln sie auseinander. Unzählige Alltagsgüter kommen aus diesem Grund im Weltall nicht zum Einsatz. Weltraumstahl besitzt eine andere Legierung als jener Stahl, der zur Kühlerhaube eines Autos verarbeitet wird.

Und jetzt gar Raumschiffe. Nicht die kleinen, spitzen Dinger, die wir Raketen nennen. Sondern richtige Raumschiffe, gewaltig groß und mit mehreren Stockwerken versehen, mit einer eigenen Atmosphäre, mit Triebwerken, von denen wir derzeit noch träumen, und Vorrichtungen, die die Schwerkraft aufheben. *Noch* wissen wir nicht, welche Eigenschaften Tausende von Einzelteilen für diese Raumschiffe aufweisen müssen, um weltraumtauglich zu sein. Doch die ETs in Menschengestalt haben offenbar Zugriff zu diesen Informationen. Sie sind so etwas wie unsere wissenschaftlichen Einflüsterer. Sachte bringen sie uns bei, welche Zusammensetzung bestimmte Legierungen aufweisen müssen, wo die Rohmaterialien zu finden sind, wie neue Energien genutzt werden können und insbesondere, wie man die Schwerkraft aufhebt.

Alles nur Träumereien? Einer, der es wissen muss, ist Prof. Dr. Haim Eshed. Er leitete 30 Jahre lang, von 1981 bis 2010, das israelische Programm für Weltraumsicherheit. In einem Gespräch mit Journalisten der israelischen Tageszeitung *Jedi'ot Acharonot* machte Professor Haim Eshed sensationelle Aussagen. Die wurden prompt von mehreren Zeitungen und TV-Stationen in die Welt hinausgetragen. Wortwörtlich sagte er:

»Die Außerirdischen haben uns gebeten, nicht anzukündigen, dass sie hier sind. Die Menschheit ist noch nicht bereit.« [20]

Darüber hinaus verkündete Prof. Dr. Haim Eshed, dort draußen im Weltall würde eine »galaktische Union existieren«, und zwischen ihr und den USA gebe es ein Abkommen. »Auch sie forschen und versuchen, das gesamte Gefüge des Universums zu verstehen, und sie möchten uns als Helfer haben. Auf dem Mars gibt es eine gemeinsame unterirdische Basis.« [21]

Ist dieser Herr Professor – immerhin, wie schon erwähnt, der Ex-Chef des israelischen Weltraumprogramms und zudem mit einem Doktortitel in Raumfahrttechnologie versehen – übergeschnappt? Nein. Er ist sich seiner Aussagen sehr bewusst. Eshed versicherte, wenn er das, was er heute sage, vor 5 Jahren gesagt hätte, wäre er vermutlich im Krankenhaus gelandet. Man hätte behauptet, er habe den Verstand verloren. Heute habe sich das Klima geändert. »Sie reden schon anders. Ich habe nichts zu verlieren. Ich habe meine Abschlüsse und Auszeichnungen und werde an den Hochschulen respektiert. Dort hat sich der Trend auch geändert.«

Der Trend – der Zeitgeist – ändert sich mühsam. Noch wird die Öffentlichkeit nur häppchenweise informiert. Jede Panik soll vermieden werden. Auch die Religionen brauchen ihre Zeit, um die Gläubigen auf die neuen Erkenntnisse vorzubereiten. Dabei wird keine Glaubensgemeinschaft ihren Gottesbegriff verlieren. Der Gott der Christen bleibt ebenso unverändert wie der Allah der Muslime – doch die menschlichen Erkenntnisse, die »Zutaten« zum Verständnis des Universums, werden dem Zeitgeist angepasst. Dass eine Gruppe von Menschen mit ETs zusammenarbeitet und wir von diesen das Wissen erhielten, wie die Distanzen im Universum zu überbrücken sind, bekannte vor über 25 Jahren schon Dr. Benjamin R. Rich (1925–1995), der von 1975 bis 1991 als Direktor der Skunk Works tätig war. Dabei handelt es sich um die Forschungsanstalt der Lockheed-Flugzeugwerke in Palmdale im US-Bundesstaat Kalifornien. Diese Einrichtung beschäftigt heute rund 3700 Mitarbeiter, die allesamt als Geheimnisträger eingestuft sind. Bereits 1955 hatte Skunk Works das Aufklärungsflugzeug U-2 gebaut – die erste Maschine, die eine Höhe von über 20 Kilometern schaffte und sich damit hervorragend als Spionageflugzeug einsetzen ließ. Skunk Works entwickelte zudem die SR-71 Blackbird, das erste Flugzeug, das 3-fache Schallgeschwindigkeit erreichte, wie auch die Technik der sogenannten Stealth-Bomber. Bekanntestes Beispiel hierfür ist die Northrop B-2 Spirit, ein für das Radar unsichtbares Monster, das aus großen Distanzen wie ein Geist aus dem Nichts auftaucht und gegnerische Anlagen mit einer unglaublichen Zielsicherheit zerstört.

Am 23. März 1993, 2 Jahre vor seinem Tod, erklärte Dr. Benjamin Rich, der Direktor eben dieser Skunk Works, während eines Meetings der School of Engineering seinen verdutzten Zuhörern:

»Wir verfügen schon jetzt über die Möglichkeit, zu den Sternen zu fliegen. Was immer Sie sich vorstellen können, wir wissen, wie es geht. Wir *haben* die Technologie, ET heimzubringen. Nein – es braucht kein Menschenleben, um es zu tun. Wir wissen, wie es funktioniert. Wir hätten die Möglichkeit, zu den Sternen zu fliegen.« [22]

Man bringt uns doch immer bei, ein Flug zum Mars dauere mehrere Monate und solche von Stern zu Stern gar Jahrhunderte, wenn nicht gar Jahrtausende. Und dann kommt ein Dr. Benjamin Rich, Direktor von Skunk Works, wo die sagenhaftesten Flugzeugtypen entwickelt wurden, und stellt klar, wir hätten heute schon die Technik, zu den Sternen zu fliegen – und das dauere kein Menschenleben. Woher will er das wissen? Von den Außerirdischen, mit denen Skunk Works zusammenarbeitet. Und weshalb arbeiten Außerirdische schon seit Jahren mit Menschen zusammen?

In den vergangenen Jahren wurden auf der Erde gigantische *private* Weltraumprojekte gegründet. Vereinzelt liest man über Elon Musk und sein Raumfahrtunternehmen Space X. Musk möchte die Menschheit »multiplanetar« machen. Sein Ziel ist die Besiedlung des Mars und später anderer Planeten. Inzwischen schaffte er es nicht nur, seine Rakete Falcon 9 in einen Erdorbit zu schießen, sondern auch heil wieder auf der Erde landen zu lassen. Es handelt sich bei ihr um die erste wiederverwendbare Rakete. Musk ist sich sicher, bis zum Jahr 2030 Menschen auf den Mars zu bringen. In nicht allzu ferner Zukunft sollen zudem Raketen vom Meer aus starten.

Auf demselben Weg befindet sich Bigelow Aerospace, ein Raumfahrtunternehmen aus Las Vegas. Sein Gründer, Robert Bigelow, ein amerikanischer Milliardär, will Raumstationen bauen. Von diesen aus sollen Raumschiffe zu anderen Planeten starten und dort seltene Rohstoffe abbauen, die auf der Erde nicht oder nur sehr selten zu haben sind. Roboter schießen die Rohstoffe dann in Richtung Erde, und diese werden, dort angekommen, in einer Umlaufbahn geparkt. Und je nach Bedarf dann aus dem Orbit auf die Erde geholt.

Auch die Chinesen sind an diesen Entwicklungen beteiligt. Sie haben inzwischen einen eigenen Roboter auf dem Mars gelandet. In Planung befindet sich zudem eine große Weltraumstation. Sinnigerweise soll sie den Namen Himmlischer Palast tragen.

Bei dem Vorgenannten handelt es sich um Projekte, bei denen ich mir gut vorstellen könnte, dass »irdische Außerirdische« ihr Wissen mit eingesetzt haben. Andere betreiben vermutlich gemeinsam mit uns Stationen auf dem Mars und auf fernen Asteroiden. Doch wozu der Aufwand?

Weil das endlose Universum mit Intelligenz, mit Wissen, angereichert werden soll. Wir Menschen wurden bereits vor

Jahrtausenden von ETs besucht. Dies ist das Thema meiner bisherigen 43 Bücher. Schließlich schufen »die Götter« – die Außerirdischen – die Menschen »nach ihrem Ebenbild«. Diese Aussage ist Bestandteil jeder alten, heiligen Schrift. Wir sind Ableger von ihnen – und trotzdem Produkte der Evolution. Die Fremden haben immer wieder in unsere Entwicklung eingegriffen, und heute können die Genetiker dies nachweisen. Nunmehr sind wir so weit, Technologien zu betreiben, mit denen das alte Spiel wiederholt wird. Wie bei einem Schneeballsystem werden wir ausschwärmen und andere Sonnensysteme mit Intelligenz infiltrieren. Und die ETs unterstützen uns dabei.

Kapitel 2

Nazca ist überall

Leserzuschriften

29. Januar 2021

Geehrter Herr von Däniken,

mein Name ist XY, ich lebe in den Niederlanden, bin beruflich Bauingenieur, habe als Hobby die Luftbildarchäologie. Dieses Hobby betreibe ich schon seit 20 Jahren und entdeckte manches Ruinenfeld irgendwo unter dem Wüstensand. Ich habe auch die jeweiligen Landesarchäologen darauf aufmerksam gemacht.

Doch es ging niemand darauf ein. Durch einen reinen Zufall stolperte ich kürzlich auf riesige Bodenzeichnungen in einem fernen Land, die Sie sehr interessieren dürften. Es geht um Zeichnungen von 2 Kilometern Länge und circa 1,3 Kilometern Breite.

Der Grund, weshalb ich Ihnen dies mitteile, ist eine Expedition, die ich gemeinsam mit Ihnen in jenes Gebiet durchführen will. Es ist wohl klar, dass eine solche Expedition von Ihnen finanziert werden müsste, denn Sie sind der Nutznießer des Ganzen. Und natürlich erwarte ich auch eine finanzielle Entschädigung für meine Zeit und meine Arbeit ...

24. Mai 2020

Sehr geehrter Herr von Däniken,

meine Frau und ich kommen gerade von einer Reise mit einem Kreuzfahrtschiff zurück. Dabei ankerten wir auch in der Bucht von Pisco in Peru, die Ihnen bekannt ist. Vom Flughafen Ica aus flogen wir mit einem kleinen Flugzeug über die Wüste von Nazca, und der Pilot machte uns auf diverse Bodenzeichnungen aufmerksam, die wir zum Teil aus Ihren Büchern kannten. Wir fragten den Piloten nach den pistenähnlichen Linien, doch er konnte uns nur schmale Linien zeigen, und er sagte, andere Linien würde es nicht geben.

Wir sind sehr enttäuscht und fragen uns, weshalb Sie Sensationen erfinden, die in der Realität gar nicht existieren ...

18. Januar 2003

Sehr geehrter Herr von Däniken,

im vergangenen Monat verbrachte ich zwei Nächte in Nazca und traf dort auch auf den Archäologen Johny Isla, zuständig für das Gebiet. Wir überflogen die Gegend, und Herr Isla machte uns auf viele Petroglyphen aufmerksam, die erst in den vergangenen 2 Jahren entdeckt worden waren. Herr Isla sagte, die Indios hätten die Figuren geschaffen, um die Götter um Wasser und Fruchtbarkeit in diesem trockenen Gebiet zu bitten. All dies sei zwischen 200 und 700 nach Christus geschehen. Die wenigen Nazca-Linien, die wir überflogen, waren schmal und nicht, wie Sie in Ihren Büchern suggerieren, »ähnlich denen von Flugpisten« ... Wir fragten Herrn Isla auch, was er von Ihren Theorien über Außerirdische halte. Herr Isla lachte uns aus und meinte, ob wir einen solchen Unsinn glauben würden ...

12. Oktober 2001

Herr von Däniken,

ich hätte mir nie gedacht, dass ich Sie einmal anschreiben würde, aber heute ist es so weit. An dieser Stelle ein großes Dankeschön für Ihre Arbeit über all die Jahre hinweg. Der Grund meines Briefes? Schauen Sie sich unbedingt die Wüste von Taklamakan im Westen von China an. Dort finden Sie überdimensionierte Bilder im Boden.

7. Juni 2020

Lieber Herr von Däniken,

in Ihren Büchern las ich nirgendwo etwas über die Megalithalleen in Armenien. Sie sind gigantisch und in ihrer Gesamtheit nur aus der Luft zu erkennen. Mehr darüber erfahren Sie auf der Website http://www.megalithomania.co.uk.

11. November 2018

Sehr geehrter Herr von Däniken,

es ist mir eine Ehre, Sie auf etwas aufmerksam zu machen, von dem Sie vermutlich noch nichts wissen, sonst hätten Sie darüber berichtet. Von Beruf bin ich Straßenvermesser in XY, Österreich. Sie müssen wissen, dass im Norden der Arabischen Halbinsel, an der Grenze zur Wüste Nefud, riesige geometrische Figuren im Boden lokalisiert wurden. Es geht dabei um Dreiecke, Rechtecke und andere Formen. Eines der Dreiecke hat eine Seitenlänge von 2,3 Kilometern. Die Entdeckungen wurden im vorigen Jahr durch Satelliten gemacht. Geologen des Max-Planck-Institutes in Deutschland stellten vor Ort fest, dass die Figuren zum Teil aus dem Boden gekratzt, zum Teil aber auch durch kleinere Steine angehäuft wurden. Ähnliche Zeichnungen von großen Ausmaßen wurden auch in der saudi-arabischen Wüste von Harrat Khaybar gemacht. Ich denke, das könnte Sie interessieren, und vielleicht [lässt es sich] mit den Bodenzeichnungen von Nazca/Peru in Verbindung bringen.

4. Januar 2021

Guten Tag Herr von Däniken,

auf Kabel eins Doku lief gerade ein 48-Stunden-Marathon über Unerklärliche Phänomene – Ancient Aliens, *den ich aufnahm. Darin tauchen immer wieder diese Nazcar-Linien [originale Schreibweise, Anmerkung EvD] (oder so ähnlich) auf, aber nirgendwo wird erklärt, wo genau diese Linien sind. In welcher Region? Welchem Land? Ich bin Pensionär (ehemaliger Pilot der KLM) und würde diese Nazcar-Linien gern überfliegen.*

20. April 2020

Sehr geehrter Erich von Däniken,

ich wende mich an Sie, weil ich Petroglyphen oder Scharrzeichnungen mit Google Earth entdeckt habe und nicht weiß, ob Ihnen diese bereits bekannt sind. Da sah ich eine Figur mit je drei Fingern (Bild im Anhang). Daraufhin »flog« ich auf Google Earth die Gegend ab und wurde fündig. Ich entdeckte weitere Bodenzeichnungen und sogar die Darstellung von zwei schwach schimmernden Figuren, ebenfalls mit je drei Fingern. In Ihrem Buch Neue Erkenntnisse *berichten Sie über Skelette von kleinen Wesen mit drei Fingern. Vielleicht besteht ein Zusammenhang mit den Figuren am Boden. Wollten die »Dreifingrigen« ihre Kollegen im Erdorbit auf sich aufmerksam machen? Es wäre ja möglich, dass die »Dreifingrigen« gestrandete Raumfahrer waren. Was meinen Sie dazu? Ich würde mich freuen, von Ihnen zu hören. (Auf beiliegenden Bildern finden Sie die Google-Koordinaten.)*

29. Februar 2020

Guten Tag Herr von Däniken,

die Aussagen von Ihnen sind zum größten Teil nur Andeutungen und führen zu wilden Spekulationen ... In Nazca werden nur auffällige Flächen angedeutet auf eine so unfachmännische Weise, dass jedes Schulkind es mit Ihnen aufnehmen könnte ... Daran kann jeder erkennen, dass Sie absolut nicht fachmännisch die Dinge hinterfragen ..., weil Ihnen schlicht und ergreifend die nötige Ausbildung fehlt ... Aber wenn Ihnen im Laufe Ihrer vielen Jahre der Suche nicht bewusst geworden ist, dass Sie schlicht mehr Tiefgang brauchen, warum haben Sie dann nicht das Studium auf diesem Gebiet aufgenommen? ... Die Antwort wird wohl unstrittig darin liegen, dass Ihre Art, Fragen zu formulieren, eine derart unwissenschaftliche ist, dass jeder, der sich Wissenschaftler nennt, keine weiteren Kontakte wünschte ... Sie sind näher an einem Scharlatan dran als an einem kompetenten und fachlich gebildeten Menschen ...

5. Januar 1999

Sehr geehrter Herr von Däniken,

in Ihrem Buch Grüße aus der Steinzeit *beschreiben Sie auch eine große geometrische Figur in der peruanischen Wüste von Nazca. Sie bezeichnen das Ganze als »Mandala«. Nun bin ich vergangenen Monat mit zwei Freunden über Nazca geflogen, und wir baten den Piloten, uns über dieses Gebilde zu fliegen. Er hatte Mühe, es zu finden, und meinte, das Ganze sei eine Fälschung und existiere erst seit einigen Jahren. Bevor wir ein vernichtendes Urteil über Sie fällen, möchten wir Ihnen Gelegenheit geben, sich zu äußern …*

16. Mai 2001

Hallo Herr von Däniken!

Gestern sah ich eine recht eindrucksvolle TV-Dokumentation über Nazca in Peru. Dort wurde demonstriert, wie einfach es ist, Bodenzeichnungen entstehen zu lassen. Eine Gruppe von Indios kratzte mit ihren Schuhen die braunen Steinchen von der Oberfläche weg, und automatisch erschien ein heller Untergrund. Der Kommentator erklärte, die Oberfläche der Wüste sei über Jahrtausende [hinweg] der grellen Sonnenstrahlung ausgesetzt gewesen, und deshalb hätten sowohl die Steine wie auch der Sand eine bräunliche Farbe angenommen. Darunter aber liege ein heller Untergrund. Jetzt müsse man nur die Oberfläche wegkratzen und der helle Untergrund erscheine. Auf diese Weise seien die Figuren in den Boden von Nazca gescharrt worden. Deshalb nenne man sie »Scharrzeichnungen«. Alles ganz einfach und natürlich. In Ihren Büchern aber schreiben Sie, diese Bodenzeichnungen seien von Außerirdischen in den Boden »gelasert« worden. Vermutlich von Raumschiffen aus.

Sie dürfen gern darauf antworten, doch nehme ich an, Sie selbst wissen am besten, was für einen Unsinn Sie schreiben.

Antworten

Wum! Das waren gerade einmal elf Briefe von über eintausend, die mich zur Ebene von Nazca in Peru erreichten. Der Tenor ist mehrheitlich derselbe und zweigeteilt: Lob und Tadel. Das in meinen Büchern beschriebene »Mandala« mitsamt dem »Schachbrettmuster« existiere gar nicht oder es handle sich um eine neuzeitliche Fälschung. Und flugpistenähnliche Linien, die wie echte Landebahnen auf unseren Flughäfen aussehen, also breit und lang ausgeformt sind, gäbe es auf der Wüstenfläche von Nazca schon gar nicht. Alles, was dort zu bestaunen ist, seien die weltbekannten Scharrzeichnungen – die sogenannten Geoglyphen –, und die seien ganz simpel herzustellen. Zudem würden in der Wüste von Nazca keine pistenähnlichen Linien existieren, sondern nur schmal

Bild 1

gezogene Linien. Und die seien höchstens 1 Meter breit. Nichts da von »Flugpisten«! Erich von Däniken belüge und betrüge seine Leser.

Stimmen nun die betreffenden Aussagen der Leserbriefschreiber, der Piloten von Nazca und des Archäologen Johny Isla oder diejenigen von Erich von Däniken?

Tatsächlich bin ich auf die Rätsel in der peruanischen Wüste von Nazca in 21 Büchern eingegangen – mal etwas ausführlicher, mal etwas weniger umfassend. Dieses Nazca scheint ein unsterbliches Thema zu sein. Und ganz offensichtlich gibt es immer noch Missverständnisse, aber auch absichtlich gestreute, dick aufgetragene Fake News. Zudem wird faustdick manipuliert. Von wem und weshalb?

Zum 22. Mal muss ich das Thema aufgreifen, auch wenn es mir und einigen Stammlesern zum Hals heraushängt. Zu den bisherigen Erkenntnissen kommen neue. Aber der Reihe nach.

Palpa heißt die Verlängerung der Wüstenfläche von Nazca. Die Unterscheidung zwischen Palpa und Nazca ist eher akademischer Natur, denn die beiden Ebenen werden nur durch ein Flussbett getrennt. Dort, in Palpa, liegt ein rechteckiges »Schachbrettmuster« im Boden, das nur unter bestimmten Tageslichtverhältnissen sichtbar wird. **[Bild 1]** In der Verlängerung hiervon befindet sich noch ein zweites Muster. Das Ganze erinnert an die Darstellung eines binären Codes oder einer mathematische Botschaft. Zudem sieht das Gebilde derart »neu« aus, dass man annehmen kann, es wäre erst vergangene Woche in den Sand gestanzt worden. »Eben!«, argumentieren die Skeptiker, das ist es ja: Das Gebilde ist genauso neu, wie es ausschaut. Irrtum. Links davon verlaufen acht schmale Linien, die zum Nazca-Komplex gehören. Diese sind unbestritten mindestens 1600 Jahre alt. Behauptet zumindest die archäologische Lehrmeinung. Doch diese alten Linien präsentieren sich genauso »neu« wie das »Schachbrettmuster«. Sonne, Wind und die vereinzelten Regengüsse konnten die Punkte ebenso wenig wegschwemmen wie das »Schachbrettmuster«. Zudem führen keinerlei Trampelpfade darauf zu. Das Gebilde liegt vollkommen in der Wüste, als sei es aus der Luft in den Boden gestanzt worden. In der Verlängerung des »Schachbrettmusters« folgt dann eben jenes »Mandala«, das ein Nazca-Pilot meinem Leserbriefschreiber gegenüber als Fälschung bezeichnet hatte. Wie kam der Pilot zu seiner Meinung?

Im Herbst des Jahres 1992 fanden zwei französische Fotografen am Rande des »Mandalas« zwei kleine Holzpflöcke am Boden, die später mithilfe der C-14-Methode datiert wurden. Die Untersuchung ergab: Das Holz stammte aus unserer Zeit. Zudem wurde ein kleines, abgerissenes Stück einer Bluejeans gefunden. Das reichte den Skeptikern, um das »Mandala« als neuzeitliche Fälschung zu deklarieren. Doch der Schluss, dass das »Mandala« sowie das »Schachbrettmuster« Fälschungen aus unserer Zeit seien, ist ein Irrtum. Weshalb? Bereits im Jahre 1964 flog ich zum ersten Mal über Nazca – und beide geometrischen Kuriositäten existierten schon damals. Im Hotel *Touristas*, das später in Hotel *Nazca* umbenannt wurde, erklärte mir Eduardo Heran, der damalige Chefpilot von Nazca, wie es zum Missverständnis hinsichtlich der Fälschungen gekommen war. Zwei Schullehrer, begleitet von vier Jünglingen, hatten versucht, das »Mandala« zu vermessen. Mit einem Rucksack und kleinen Aststücken darin stolperten sie über die glühende Wüste. Die Holzstücke sollten in den Boden gerammt werden, um an ihnen die Angelschnüre festzumachen. Angelschnüre? Die Lehrer verfügten über keine genügend langen Seile, um zwei Messpunkte miteinander zu verbinden. Doch Angelschnüre besaß jeder Fischer der Gegend. Schließlich lag der Pazifische Ozean nur ein paar Kilometer entfernt. Schon nach 2 Tagen gab die Gruppe ihr Vorhaben auf. Die Hitze war einfach unerträglich. Einige Holzstücke blieben liegen, während die Fischerschnüre wieder eingerollt wurden.

Schon eine Analyse aus der Luft reicht, um die Fälschungsstory ad absurdum zu führen. Um meiner Argumentation folgen zu können, sind die hier gezeigten Bilder unentbehrlich. [Bild 2] Das »Mandala« besteht aus drei Kreisen, umrahmt von Quadraten und einem großen Dreieck. Bitte kontrollieren! Dieses Dreieck hat eine Seitenlänge von über 150 Metern. In-

Bild 2

nerhalb des Dreiecks liegen mehrere Unterteilungen von Quadraten und Rechtecken. Zudem verläuft mitten durch das Bild ein Geländeeinschnitt. Dieser beginnt an der Kante eines inneren Rechtecks, wird breiter, zieht durch den inneren und äußeren Rahmen des alles umspannenden Vierecks hinaus. Dabei – und dies ist der Knackpunkt – laufen sämtliche Linien und Kreispunkte auch über eben diesen Geländeeinschnitt.

Wer immer eine sehr komplizierte geometrische Figur in die Wüste legen will, tut dies auf möglichst ebenem Grund. Schließlich lassen sich Tausende von Steinen nur sehr schwer die Hänge hinauf- und hinuntertransportieren. Ohne Wagen, ohne Schubkarren und ohne irgendein Hebegerüst. Auch die Fälscher selbst – die Mannschaft – müsste herangekarrt worden sein. Oder man ließ sie heranmarschieren. Wo bleiben die Fahrspuren? Die Trampelpfade?

Beidseitig des großen Quadrates in der Mitte des »Mandalas« liegen Kreise aus einem äußeren und einem inneren Ring. [Bild 3 und 4] Das jeweilige Zentrum zeigt einen Stern mit einem Mittelpunkt, von dem Strahlen ausgehen. Von diesem Mittelpunkt aus führt eine lange, gerade Linie zu den beiden kleineren Kreisen rechts und links. Auch diese Linie verläuft über den Geländeeinschnitt. Die Verlängerung mündet in einer sogenannten »Nazca-Piste«. (Auf dem Bild nicht sichtbar). Das Zentrum des großen Kreises bildet erneut einen Strahlenpunkt, überlappt von zwei Rechtecken. Dann folgt – von innen nach außen betrachtet – je ein Ring. Die Steine des inneren Ringes laufen sowohl über den Geländeeinbruch als auch über eine zusätzliche Vertiefung.

Bild 3

Bild 4

Die übereinanderliegenden Rechtecke im Zentrum des großen Kreises sind ihrerseits durch Linien unterteilt, die exakt den Eckpunkt des Quadrates in der Mitte schneiden. Das ganze Gebilde entpuppt sich als ein Meisterwerk der Geometrie. Zudem ist das »Mandala« – genau wie das »Schachbrettmuster« – in das Netzwerk der Linien von Nazca eingebettet.

Und das soll eine moderne Fälschung sein, hergestellt vor 20 bis 30 Jahren?

Man stelle sich vor, heutige Fälscher hätten diese geometrische Botschaft produziert. Weshalb?, darf man fragen. Um ihr Können zu demonstrieren? So ähnlich, wie man ein eindrucksvolles berühmtes altes Bild nachmalt? Wo bleibt dann die Signatur der Fälscher? »Schaut her! WIR waren es!« Oder die Fälschung wurde angelegt, um Nazca und Palpa noch attraktiver zu machen. Um Besucher anzulocken. Tagtäglich werden Touristen mit kleinen Flugzeugen über die Bodenzeichnungen von Nazca geflogen. Doch die Piloten kutschieren ihre Gäste ausgerechnet *nicht* über das »Mandala« und das »Schachbrettmuster«. Weshalb nicht? Weil die Piloten und die zuständigen Archäologen nichts über die beiden Figuren aussagen können. Man ist sprachlos. Die hypothetischen Fälscher hätten ihre Arbeit also für die Katz gemacht – es sollten doch staunende Touristen angelockt werden. Welche Touristen? Als ich 1964 über Nazca kurvte, existierten beide Zeichnungen bereits, aber damals wurden noch keine Touristen über das Gebiet geflogen, denn es gab noch keinen Flugplatz in Nazca. Die Touristenströme *kamen erst durch meine Publikationen und meine Filme zustande*. Genau deshalb wurde ich schließlich vom Bürgermeister von Nazca geehrt, *weil* ich Touristen ins bislang verschlafene Nest in einer Wüste im

Süden von Peru gebracht hatte. Die Sache ist noch komplizierter: Beide geometrischen Figuren werden nur sichtbar, wenn man das Areal, in dem sie sich befinden, in einem bestimmten Winkel anfliegt. Fliegt der Pilot von einer falschen Seite oder einer nicht passenden Höhe das Gebiet an, so existieren die Gebilde nicht. Der Fälschertrupp hätte von Anbeginn an mehrere geometrische Punkte im Gelände festlegen und markieren müssen. Der Chef müsste ein Professor der Geometrie und seine Mannschaft bereit sein, wochenlang in der Gluthitze Steine zu riesigen Dreiecken, Kreisen, Rechtecken und Strahlenkränzen zusammenzutragen. Niemand begibt sich freiwillig in die Gluthölle von Nazca/Palpa. Nicht einmal Angehörige der peruanischen Armee. Die wären zudem mit Geländefahrzeugen herangekarrt worden. Anders geht's nicht. Ein Fußmarsch vom Städtchen Nazca bis zum Geländepunkt nimmt Stunden in Anspruch. Zudem benötigen die Arbeiter Mengen von Trinkwasser. Wo sind die Zulieferer? Wo die Schneisen ihrer Fahrzeuge? Wo die Fußspuren der emsigen Fälscher? Selbst eine Kompanie Soldaten hätte Monate gebraucht, um das »Mandala« mitsamt dem »Schachbrettmuster« in die Wüste zu zaubern. Eine derartige Kraftanstrengung braucht Logistik. Und sie wäre von der Öffentlichkeit bemerkt worden. Sämtliche Bewohner des Städtchens Nazca wie auch der Stadt Ica (nördlich von Nazca gelegen) hätten davon gewusst, und selbstverständlich hätte die lokale Presse darüber berichtet.

Heute taucht weder das »Schachbrettmuster« noch das »Mandala« in einem Prospekt über Nazca auf. Man weiß nichts dazu zu sagen, und keiner traut sich, dem Fälschungsgebrüll zu widersprechen. Wie auch, wenn selbst die lokale Archäologie mit den Achseln zuckt? Dabei ist die Annahme einer Fäl-

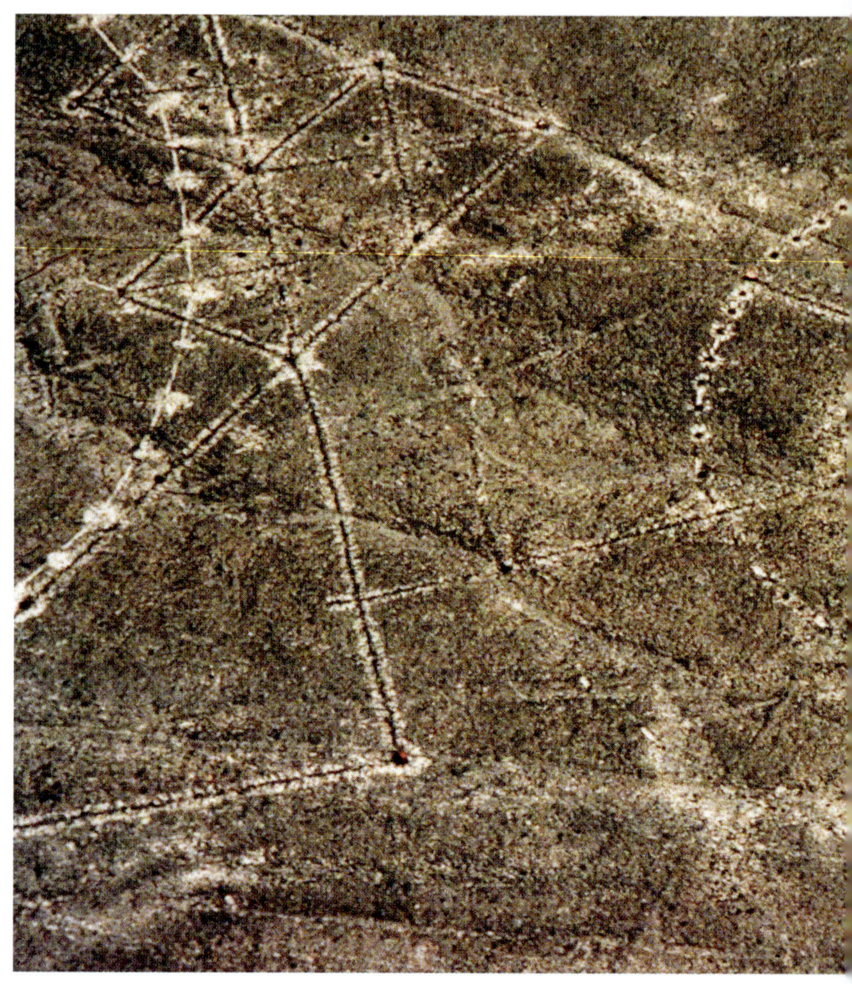

schung leicht zu widerlegen. Dazu sind die nachfolgenden Bilder unerlässlich.

Bild 5 zeigt einen Ausschnitt des rechten kleineren Begleitrings. Zwei gerade Linien kreuzen das Zentrum und laufen über den äußeren Ring hinaus. Links im Bild ist ein Teilstück der Linie sichtbar, die das große »Mandala« umrahmt. Der

Bild 5

Bildausschnitt zeigt eindeutig die *Doppelspur* dieser Linie. Die Fälscher hätten sich also nicht nur die Mühe gemacht, die zentrale Darstellung durch ein Quadrat einzurahmen, sondern sie hätten die weiße Linie dieser Umrahmung gleich doppelt gezogen. Total bescheuert, wenn man die dazu notwendigen Anstrengungen in der lokalen Bruthitze bedenkt. Eine doppelte Linie für nichts?

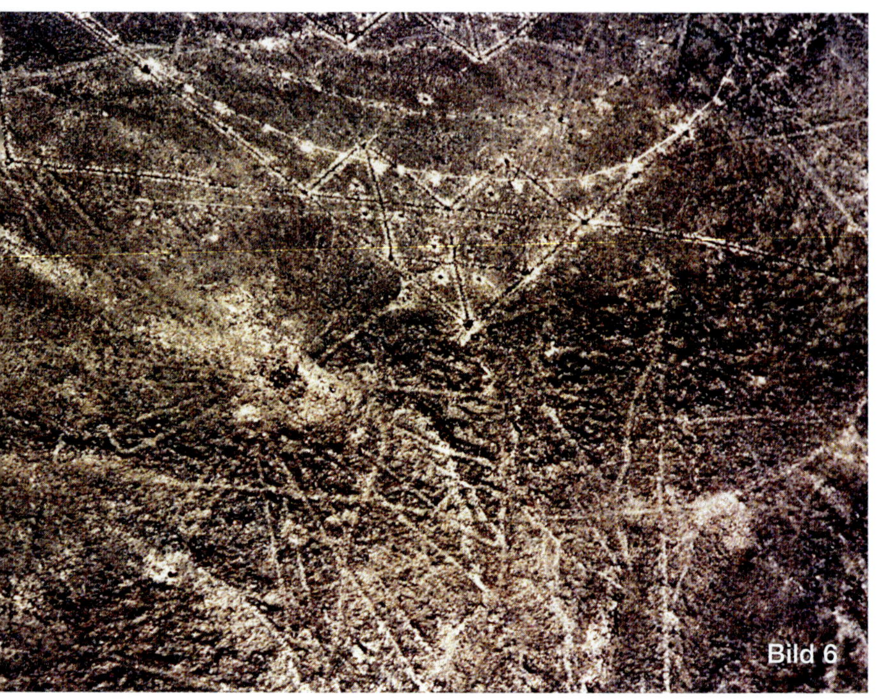

Bild 6 zeigt eine Nahaufnahme außerhalb der zentralen Darstellung. Gerade noch erkennbar sind seltsame rechteckige Flächen im Boden, die sternförmig von einem Punkt aus weglaufen. Eine Linie des Nazca-Netzwerkes läuft direkt darauf zu und berührt das zentrale »Mandala«. Demnach würde die »Fälschung« zum Gesamtkomplex des Nazca-Systems gehören. Doch schon lange bevor Nazca 1994 zum Weltkulturerbe der UNESCO ernannt wurde, war jede Veränderung der Bodenzeichnungen strikt verboten. Die Fälscher hätten ohne Einwilligung und Tolerierung seitens der lokalen Behörden gar nichts unternehmen können. Und ein derartiges Abnicken vonseiten der Zuständigen, verbunden mit der benötigten Logistik – Transport der Mannschaft, der Geräte, des Wassers –, würde in den Annalen der Gemeinde Nazca

Bild 7

auftauchen. Dort ist aber nirgendwo etwas Derartiges festgehalten worden.

Bei Bild 7 geht es nicht um die geometrischen Figuren, sondern um das Gelände ringsum. Wo befindet sich der Parkplatz für die Fahrzeuge der Fälscher mit all ihrer Ausrüstung und den Wassertonnen? Es existieren keinerlei Überreste von Fahrrinnen oder Naturstraßen.

Die einzig mögliche Stelle für das Abstellen der Kleinlaster wäre der Vorplatz vor dem steilen Abhang unter dem »Mandala«. Dann hätten die Wasserträger mit ihren Behältern mühsam den steilen Hang hochklettern müssen. Wo blieben ihre Spuren? Wo die Fahrrinnen? Zudem: Weshalb soll eine phä-

Bild 8

nomenale geometrische Botschaft auf einem Geländeeinschnitt angelegt werden, der von drei Seiten überhaupt nicht einsehbar ist? Außer bei einem bestimmten Anflugwinkel aus der Luft? Weshalb diese Übung in einer ausgedörrten Wüste, wenn doch keine Menschenseele den herrlichen Geniestreich zu Gesicht bekommt? Künstler, die ein derartiges Werk vollbringen, möchten Zuschauer, Betrachter, Bewunderung, Applaus für ihre Leistung. Sämtliche Markierungen und Botschaften unserer Zeit – zum Beispiel in Form von Werbetafeln für politische Parteien – wurden auf dem amerikanischen Kontinent an den Hängen von Hügeln und Bergen in unmittelbarer Nähe von befahrenen Straßen installiert – damit man sie sehen kann. Etwa entlang der berühmten Panamericana, einem System von Schnellstraßen, das, mit wenigen Lücken, von Norden (Alaska) nach Süden (Feuerland) führt. Doch das geometrische Wunderwerk liegt völlig abseits jeder Straße in einer menschenfeindlichen Gluthölle. Wo bleibt der Sinn, wo die Signatur der Fälscher?

Trotz der Hitze kommt es vor, dass sich zweimal im Jahr ein kurzer Regenguss über der Wüste entlädt. Wasserspuren beweisen es. Dann werden die Rinnen für einige Stunden plötzlich zu Bachbetten. Ihre Spuren sind klar sichtbar. Sie laufen sowohl über das »Mandala« wie auch über das »Schachbrettmuster«. Bei Letzterem sogar durch die gesamte Länge der Darstellung. [Bild 8] Links neben dem »Schachbrettmuster« sind mehrere, eindeutig uralte Linien des Nazca-Komplexes erkennbar. Und quer hindurch ebenfalls eine Wasserrinne, wobei sich die Linien sogar *durch die Wasserspur* ziehen. Warum nur hat das Wasser weder die Linien noch die Punkte des »Schachbrettmusters« weggeschwemmt? Nichts ist ausgelaugt.

Das oberflächliche Werk von neuzeitlichen Fälschern wäre durch die Kraft des Wassers längst zerstört worden. Ist es aber so wenig wie die Linien auf der Wüstenoberfläche von Nazca. Weshalb nicht? Weil die echten Linien von einer ganz anderen Qualität sind als die angedachten Fälschungen. Ich komme darauf zurück.

Ganz offensichtlich ist bei der lokalen Archäologie eine Diskussion über das »Mandala« und das »Schachbrettmuster« nicht erwünscht. Weshalb nicht? Man sollte doch stolz sein, etwas derart Phänomenales auf dem eigenen Territorium präsentieren zu können. Weshalb also das Schweigen? Archäologie ist vom Prinzip her eine konservative Wissenschaft. Sie ist auch nationalistisch geprägt. Letztlich ist jede Nation stolz auf die Leistungen ihrer Vorfahren. Zu Recht, wie ich meine. In dieses Denken hinein passt jedoch kein fremder Einfluss. Es darf nicht sein, dass irgendetwas Fremdes auf dem eigenen Territorium tätig wurde. Womöglich gar eine Art von Geschenk hinterließ, das von einem Wissen zeugt, das den Eingeborenen fehlte. Das Fremde wird abgestoßen. Sowohl das »Schachbrettmuster« wie auch das »Mandala« sind kulturfremd. Beide passen nicht zu den Scharrzeichnungen auf der Wüstenoberfläche von Nazca. Zudem existieren keine lokalen Überlieferungen darüber. Wie soll man sich zu etwas äußern, von dem man nichts weiß? Daher das Schweigen. Deshalb die Ablehnung, daher auch die Hoffnung, es möge – bitte! – eine moderne Fälschung sein.

Ist es aber nicht. Ich empfehle der stolzen Bevölkerung von Nazca, die sich durch ihre unvergleichlichen Geoglyphen (darauf komme ich noch) einen internationalen Ruf erarbeitet hat, sowohl das »Schachbrettmuster« wie auch das »Mandala« als ein Geschenk von ehemaligen Gästen einzuordnen. Und jene Gäste können durchaus durch die Luft nach Nazca geflogen sein. Wie soll man das verstehen?

Vor Jahrtausenden beherrschten mehrere ausgesuchte Familien die Kunst des Fliegens. So ist es in unzähligen alten Schriften überliefert. Im *Kebra Negest*, der Geschichte der äthiopischen Könige, erfährt man, dass König Salomon gleich mehrere Flugwagen besaß. [94] Einen davon schenkte er seiner Geliebten, der Königin von Saba. Sogar die Geschwindigkeit, mit der Salomon durch die Lüfte fuhr, ist bekannt:

»So legte Salomon auf seinem Flugwagen an 1 Tag eine Wegstrecke von 3 Monaten zurück. Ohne Krankheiten und Leiden, ohne Hunger und Durst, ohne Schweiß und Ermüdung.« (Kapitel 58)

Um über die Erde zu fliegen, sind Flugkarten nötig. Auch die besaß Salomon. Beschrieben von Arabiens Geograf und Enzyklopädist Al-Masudi (895–957):

»Salomon verfügte über eine Karte, die die Himmelskörper zeigte, die Sterne, die Erde mit ihren Kontinenten und Meeren, die bewohnten Landstriche, ihre Pflanzen und Tiere und viele andere erstaunliche Dinge.« [23]

Im asiatischen Raum beschrieb Indiens größter Dichter, Kalidasa, die Geschichte der Raghu-Dynastie. In seinem Werk *Raghuvamsha* berichtet er mit akribischer Genauigkeit über einen Flug des Herrschers von Lanka nach Ayodhya. [24] Der Flugapparat passierte den Fluss Godavari, die Einsiedelei von Agastya, das Gebirge von Chitrakuta, die Klause von Atri am Ganges etc. – insgesamt eine Strecke mit einer Länge von 2900 Kilometern von Sri Lanka (früher Ceylon) nach Ayodhya in Nordindien. Als der König aus dem Luftfahrzeug stieg, stellte er zu seiner Verblüffung fest, dass sich die Räder zwar drehten, aber keinen Staub aufwirbelten. Zudem berührten sie den Boden nicht. Matali, einer der Piloten, klärte den König auf. Für diesen Flug sei ein Himmelswagen für das Weltall benutzt worden, und keiner für die Atmosphäre.

Im *Drona Parva*, einem Band des indischen Epos *Mahabharata*, fliegt Arjuna, der Held der Geschichte, gleich mit mehreren

Flugwagen herum. Dort werden Flugzeuge beschrieben, die am Boden standen, und andere, die in der Luft schwebten:

»Und mit Matali kam plötzlich im Lichterglanz Indras himmlischer Wagen heran, Finsternis aus der Luft scheuchend und erleuchtend die Wolken, die Gegend anfüllend mit Getöse, dem Donner gleich.« [25]

Im *Vishnu Purana*, datiert auf das 5. Jahrhundert vor Christus, ist den Flugwagen ein ganzes Kapitel gewidmet.

»Während Kalki noch spricht, kommen vom Himmel herab zwei sonnengleich strahlende, aus Edelsteinen aller Art bestehende, sich von selbst bewegende Wagen vor ihnen angefahren … Also setzte sich der König mit dem Personal des Harems und seinen Würdenträgern in den himmlischen Wagen. Sie erreichten die Weite des Firmaments. Der Himmelswagen umflog die Erde über die Ozeane und wurde dann in die Richtung der Stadt Aventis gesteuert, wo gerade ein Fest stattfand. Nach kurzem Zwischenhalt startete der König wieder unter den Augen unzähliger Schaulustiger, die den Himmelswagen bestaunten.« [26]

Der indische Sanskritgelehrte Prof. Dr. Dileep K. Kanjilal veröffentlichte eine wissenschaftliche Arbeit über *Fliegende Maschinen im alten Indien*. [27] Mit seiner Einwilligung darf ich ausführlich daraus zitieren.

> »Im *Rigveda* gibt es Hymnen, die an die göttlichen Zwillinge Asvinas und Rbhus gerichtet sind. Dort tauchen die ersten Beschreibungen von Fahrzeugen auf, die fähig

waren, mit lebenden Wesen an Bord durch die Lüfte zu fliegen. Diese fliegenden Vehikel werden im *Rigveda* zuallererst als Rathas bezeichnet … Die Flugwagen waren äußerst komfortabel. Man konnte mit ihnen überall hinfliegen, auch über die Wolkenschichten und in den Himmel. Einzelne Flugwagen seien groß gewesen, hätten aus drei Teilen bestanden und eine dreieckige Form besessen. Zu ihrer Bedienung waren drei Personen notwendig. Das Vehikel verfügte über Räder, die während des Fluges eingezogen werden konnten … Die Flugwagen wurden durch Flüssigkeiten betrieben, die heute nicht korrekt übersetzbar sind. Die Worte ›madhu‹ und ›anna‹ bedeuten am ehesten etwas wie ›Honig‹.

Bemerkenswert ist die Tatsache, dass im *Rigveda* verschiedene Treibstoffarten erwähnt werden, die sich in unterschiedlichen Behältern befanden. Dabei wird ausdrücklich klargestellt, das fliegende Fahrzeug habe sich am Firmament ohne irgendwelche Zugtiere bewegt. Wenn das Fahrzeug aus den Wolken herniederstieg, versammelten sich am Boden große Menschenmengen, um der Landung beizuwohnen. Außer den Piloten bot das himmlische Gefährt Platz für den aus Seenot geretteten König Bhujyu, für Auryas Tochter, für Frau Chandra sowie drei weitere Personen.

An dieser Stelle möchte ich als Fachmann etwas zum Wort ›Vimana‹ sagen. Vimana im Sinne eines fliegenden Fahrzeugs taucht zuerst im *Yajurveda* (Kap. 17, 59) auf. In den nachfolgenden Textpassagen wird Vimana eindeutig als fliegendes Fahrzeug dargestellt. In der gesamten klassischen und puranischen Literatur ist der Gattungsname für ein fliegendes Fahrzeug ein Vimana. Auszüge:

- ›Gemeinsam mit Khara bestieg er das fliegende Fahrzeug, das mit Juwelen und Gesichtern von Dämonen geschmückt war. Es bewegte sich mit Lärm, der dem Donner aus den Wolken glich.‹ (3.35.6–7)

- ›Besteige dieses Vimana, das in die Luft fliegen kann. Nachdem du Sita verführt hast, magst du hingehen, wohin du willst. Ich werde dich auf dem Luftweg nach Lanka bringen. So bestiegen Ravana und Maricha das Luftfahrzeug.‹ (3.42.7–9)

- ›Du Schurke glaubst Wohlstand zu erlangen, indem du dieses Vimana beschaffst?‹ (3.30.12)

- ›Dann erschien das selbstständige Luftfahrzeug wieder in Lanka mit der armen Sita und Trijata.‹ (4.48.25–37)

- ›Dies ist das vorzügliche Vimana, das Puspaka genannt wird und wie die Sonne glänzt.‹ (4.121.10–30)

- ›Das Vimana erhob sich mit lautem Getöse in die Lüfte.‹ (4.123.1)

- ›Alle Haremsdamen des Königs Sugriva beendeten eiligst die Dekoration und bestiegen das Luftfahrzeug.‹ (4.123.1–55)

Die Texte im *Ramayana* [= altindisches Epos, Anm. EvD] beschreiben himmlische Fahrzeuge, die vorn spitz zuliefen, sich außerordentlich schnell bewegten und einen Rumpf aufwiesen, der wie Gold glänzte. Diese himmlischen Fahrzeuge enthielten verschiedene Kammern und kleine Fenster. Im Innern lagen bequeme, reich dekorierte Räume. Die im *Ramayana* beschriebenen Luftfahrzeuge konnten zwölf Personen transportieren. Sie starteten am Morgen in Lanka und erreichten Ayodhya am Nachmittag, mit zwei Zwischenlandungen in Kiskindgya und Yasisthasrama. Damit bewältigten die Fahrzeuge eine Distanz von 2880 Kilometern in 9 Stunden. Dies entspricht einer Geschwindigkeit von 320 Kilometern pro Stunde.

Mit Ausnahme von zwei Fällen wird in allen genannten Passagen stets das Wort Vimana zur Beschreibung des fliegenden Fahrzeuges verwendet.

Die Textpassagen lassen nicht darauf schließen, dass ›göttliche‹ Wesen mit den himmlischen Vehikeln gefahren wären. Die fliegenden Konstruktionen wurden von auserlesenen Menschen, etwa von Herrscherfamilien oder Heerführern, benutzt. Doch wird in der gesamten Sanskritliteratur immer wieder darauf hingewiesen, dass die Technik zur Konstruktion der fliegenden Objekte von den Göttern stamme. Auch gibt es klare Unterscheidungen zwischen Göttern in ihren riesigen Weltraumstädten und ausgesuchten Menschen, die derartige Städte in Einzelfällen besuchen durften.

So wird in der Beschreibung von Arjunas Reise zum Himmel berichtet, Arjuna habe viele Himmelsregionen durchqueren müssen und Hunderte von anderen Luftfahrzeugen beobachtet. Einige dieser Luftfahrzeuge befanden sich im Fluge, andere am Boden, und wieder andere waren eben dabei, abzuheben.

In den Texten des *Sabhaparvan* werden detaillierte Hinweise über jene ›Götter‹ geliefert. Sie sollen auf die Erde gekommen sein, um die Menschen zu studieren.

Diese Himmelswesen bewegten sich nach Belieben im Weltraum und auf der Erde. Verschiedene Konstruktionen, sogenannte ›Sabha‹, werden beschrieben, die ruhig am Firmament ihre Bahnen zogen, vergleichbar heutigen Satelliten. Aus dem Innern dieser gigantischen Satelliten, die man heute als Weltraumstädte beschreiben müsste, flogen verschiedene Arten von Vimanas.

Im *Yanaparvan* gibt es Weltraumstädte, die sich um ihre eigene Achse drehen. Sie tragen die Namen ›Vaihayasi‹, ›Gaganacara‹ und ›Khecara‹. Bedeutend in diesem Zusammenhang ist die Tatsache, dass regelrechte Orbitalstationen um die Erde kreisten, deren Hangaröffnungen breit genug waren, um anderen fliegenden Objekten den Eintritt zu erlauben. Aus diesen Weltraumhabitaten starteten einerseits fliegende Objekte zur Erde, und andererseits wurden auf der Erde selbst fliegende Fahrzeuge gebaut. Allein im *Mahabharata* gibt es 41 Textstellen, in denen fliegende Vimanas erwähnt werden. Auf der Erde selbst gab es keine Entwicklungsgeschichte, keine technische Evolution zum Bau dieser fliegenden Fahrzeuge. Das Know-how stammte stets von den Göttern. Dies kommt auch im äthiopischen Buch der Könige, dem *Kebra Negest*, zum Ausdruck, wo über Salomons Flugmaschinen gesprochen wird. Dort steht, der weise Salomon habe die Geräte nach den Anweisungen gebaut, die ihm der Herr gegeben habe. Es ist oft schwer, Unterschiede zwischen den Vimanas zu machen, die aus den Weltraumstädten kamen, und denjenigen, die auf der Erde gebaut wurden. Nachfolgende Passagen mögen diese Feststellung belegen:

- ›Die Person, die das himmlische Fahrzeug bestieg, wurde selbst von den Göttern bestaunt.‹

- ›Oh du, Uparicara Vasu, die geräumige, fliegende Maschine wird zu dir kommen, und du wirst der einzige Mensch sein, der einer Gottheit gleicht, wenn du in diesem Fahrzeug sitzest.‹

- ›Durch den Zauber eines Gebetes kam Gott Yama in seinem Luftfahrzeug zu Kunti.‹

- ›Oh du, Abkömmling der Kurus, jener böse Mensch kam auf dem selbstständig fliegenden Gefährt, das sich überall fortbewegen kann und als Saubhapurana bekannt ist.‹

- ›Als er aus dem Blickwinkel der Sterblichen entschwunden war, hoch oben am Firmament, bemerkte er Tausende seltsame Luftfahrzeuge.‹

- ›Er betrat Indras göttlichen Lieblingspalast und sah Tausende von fliegenden Fahrzeugen. Einige nur abgestellt, andere in Bewegung.‹

- ›Die Gruppen von ‚Maruts' kamen in göttlichen Vimanas, und Matali, nachdem er so gesprochen hatte, nahm mich mit in sein fliegendes Gefährt und zeigte mir andere Luftfahrzeuge.‹

- ›Auch Menschen bewegten sich am Firmament in Luftfahrzeugen, die mit Schwänen dekoriert und so komfortabel wie Paläste sind.‹

- ›Der große Herr übergab ihm ein sich selbstständig fortbewegendes Luftfahrzeug.‹

- ›Die Götter erschienen in ihren eigenen fliegenden Fahrzeugen …‹

In den umfangreichen Texten der buddhistischen Literatur findet sich der Begriff ›Vimana‹ im Sinne eines Luftfahrzeuges an verschiedenen Stellen. So wird im *Vimanavatthu*, das zum *Mahavamsa* gehört, von einem glänzenden Palast gesprochen, der in der Luft schwebte. So bezeichnet der Ausdruck ›Vimana‹ im ersten Teil der [Schrift] *Sulavamsa* eindeutig ein Luftfahrzeug. Hier die genaue Textpassage: ›Die riesige Stadt war angefüllt mit Hunderten von Luftwagen …‹

Der Großteil der buddhistischen Literatur versteht den Begriff ›Vimana‹ in der Bedeutung eines beweglichen, himmlischen Luftwagens oder Luftpalastes. In diesem Sinne wird er sowohl in der vedischen und puranischen Literatur verwendet als auch später mehrmals in der klassischen Literatur gebraucht. Nachfolgend drei Beispiele:

- ›Die große Gottheit stieg vom Luftwagen herab.‹

- ›Das göttliche, von Matali gesteuerte Luftgefährt traf vom Himmel ein.‹

- ›Wenn der König Suparna zum Würfelspiel ging, stieg seine Frau vom Luftfahrzeug hernieder.‹

Ein Beispiel für eine irdische Flugkonstruktion ist die Geschichte der beiden Brüder Pranadhara und Pajyadhara. Sie lernen von Maya, wie sich selbstständige mechanische Luftfahrzeuge herstellen ließen. Das von ihnen konstruierte Gefährt konnte 3200 Kilometer nonstop zurücklegen, und die beiden Brüder verließen ihr Land in diesem Flugapparat, um einen fernen Kontinent zu erreichen. Schließlich wird in derselben Überlieferung eine Reise des Königs Narabahanadutta in einem riesigen Luftgefährt geschildert.

Bei der Vielzahl der beschriebenen verschiedenartigen fliegenden Objekte kann man sich fragen, wie ein derartiges Wissen je in Vergessenheit geraten konnte und warum nie konkrete archäologische Relikte von fliegenden Maschinen gefunden wurden. Bei näherer Untersuchung stellt sich heraus, dass es nur wenige Pioniertechniker gab, die die Wissenschaft der fliegenden Apparaturen beherrschten. Visvakarma und Maya waren zwei davon. Der Gebrauch dieser Technologie war auf die Elite beschränkt und unter dem gemeinen Volk nicht verbreitet. Zudem war es eine Angewohnheit der alten Inder, entscheidende Aspekte des Wissens nur auf einen engen Kreis zu beschränken. Die Götter selbst erlegten ihren menschlichen Schülern die Pflicht auf, Geheimnisse der fliegenden Gebilde keinen unwissenden Personen anzuvertrauen. Der Missbrauch dieses Wissens war unter schrecklichen Strafandrohungen verboten. Der Bodhananda-Kommentar des *Vaimanika Shastra* erklärt, nur ein Mann, der alle Geheimnisse der Vimanas beherrsche, sei zum Flugführer berechtigt. Bevor ein künftiger Pilot irgendeine Fliegerei praktizieren durfte, musste er sämtliche 32 Arten der Geheimnisse von Vimanas erlernen. Da Vimanas nicht nur als Transportmittel, sondern auch als Waffen eingesetzt wurden, war die Verschwiegenheit sehr wohl verständlich. Ein anderer Grund, weshalb die Kunst der Fliegerei in Vergessenheit geriet, sind die verschiedenen Schlachten und Naturkatastrophen, die Jahrtausende vor Christi Geburt stattfanden. So werden im *Mahabharata* gewaltige Zerstörungen beschrieben, hervorgerufen durch mächtige Waffen der Götter. Die Ungeheuerlichkeit der beschriebenen Situationen ist nur noch mit derjenigen heutiger Atomkriege vergleichbar. Die Zerstörungen waren derart schrecklich, dass die Überlebenden eine lange Zeit benötigten, um eine neue Gesellschaft hervorzubringen. In dieser Zwischenzeit des Wissens gingen der Gebrauch und die Herstellung von fliegenden Maschinen verloren. In den Sanskrittexten geht es aber nicht um einige Jahrhunderte, sondern um Jahrtausende. Es sollte daher nicht erstaunen, wenn das Wissen vom Gebrauch der fliegenden Maschinen ins Zeitalter der Veden übernommen und oft in Legenden verwoben wurde. Teile dieser uralten Erinnerungen leben heute noch in der Folklore, etwa bei den chinesischen Drachenfliegern oder den indischen Götterwagen.

Die Beschreibungen der fliegenden Wagen und Weltraumstädte sind seit Urzeiten ein fester Bestandteil der altindischen Epen, deren Alter und Echtheit nicht angezweifelt werden können. Die Schwierigkeit lag nur darin, dass wir erst in neuerer Zeit die exakte Bedeutung von Ausdrücken wie ›Vaihayasi‹ (= fliegen), ›Gaganacara‹ (= Luft) oder ›Vimana‹ (= fliegender Apparat) erfassen können. Erst das Wissen um die moderne Technik erlaubte eine vernünftige Interpretation.«

Professor Kanjilals Arbeit ist ein Meilenstein. Fliegende Fahrzeuge existierten eindeutig vor Jahrtausenden. Da muss unweigerlich die Frage auftauchen: Wo sind denn ihre Trümmer geblieben? Die müssten doch vorhanden sein – oder?

Gegenfrage: Wie viele Flugzeuge gab es im Zweiten Weltkrieg? Ganze Armadas von fliegenden Maschinen der Deutschen, Amerikaner, Engländer, Russen, Franzosen oder Japaner hingen am Firmament. Wo sind ihre Trümmer? Was nicht abstürzte, zerschellte, verbrannte, wurde abgewrackt oder verrostete irgendwo im Gelände. Tausende andere Maschinen stürzten in die Ozeane. Einige wenige landeten in Museen. Wie viele davon werden in 100 oder gar 1000 Jahren noch existieren? Dabei ist der Zweite Weltkrieg gerade einmal vor 76 Jahren zu Ende gegangen. Bei den fliegenden Maschinen aus dem Altertum geht es aber gleich um Jahrtausende. Was soll nach dieser langen Zeit noch vorhanden sein? Und irgendwelche verschmolzenen Metallteile, die vielleicht in einem Acker auftauchen, wird man keinem antiken Fluggerät zuordnen.

Die Existenz einer antiken Fliegerei tropft aus den alten Texten, wobei man im Hinterkopf behalten sollte, dass Millionen (!) von Büchern aus der Antike nicht mehr existieren. Sie wurden absichtlich von Menschenhand zerstört. (Ich behandelte das Thema ausführlich in meinem Buch *Die Bekenntnisse des Ägyptologen Adel H.*, [58, Seite 47 ff.]). Hätten wir einerseits auch nur noch eintausend Exemplare jener verlorenen Bücher vorliegen, so wäre die Fliegerei im Altertum schon längst ein Bestandteil unseres Allgemeinwissens. Andererseits lagen einige der Bücher seit Jahrtausenden vor unseren Augen – aber wir begriffen den Inhalt nicht. Wie war das mit dem biblischen Propheten Hesekiel, der ein Vehikel mitsamt seinen Flügeln, Rädern und dem Krach, den das Fahrzeug beim Abheben verursachte, beschrieb? Wie mit dem Propheten Elias (2. Buch der Könige, Kap. 2, 11–15)?

»Da kam auf einmal ein feuriger Wagen vom Himmel und trennte die beiden. So flog Elias im Wetter gegen den Himmel. Während Elisa es mit ansah, schrie er: ›Mein Vater! Mein Vater!‹ Dann sah er ihn nicht mehr.«

Wie war das mit den Pyramidentexten, in denen verschiedene Pharaonen mit ihren Göttern über das Land fliegen durften? Beispiele gefällig? [28]

- »Eine Treppe zum Himmel ist für mich aufgestellt, damit ich zum Firmament aufsteigen kann. Und ich stieg hoch auf dem Rauch des großen Gefäßes und donnerte über den Himmel in deiner Barke. Ich darf in deiner Barke vom Land abheben.« (Utterance 267)

- »Die Türen des … [nicht übersetzbar], die im Firmament sind, wurden für mich geöffnet, die Metalltüren, die im Sternenhimmel sind, liegen offen für mich …« (Utterance 584)

- »Der Prinz steigt in einem großen Sturm vom hohen Horizont hernieder …« (Utterance 669)

Und so weiter. Himmelstüren sind offen, Götter steigen mit Rauch und Qualm hernieder, Pharaonen dürfen mitfliegen, und die Verursacher des Spektakels sind entweder die Götter oder die Angehörigen jener reichen Familien, die das Fliegen beherrschten. Unsere gutgläubigen Ägyptologen zauberten aus diesen Texten Wunsch- und Traumvorstellungen der Priester oder erfundene Fahrten des Pharaos für ein Leben nach dem Tode. Weil man sich nichts anderes vorstellen konnte. Inzwischen hat der Zeitgeist unsere Augen geöffnet.

Die fliegenden Fahrzeuge geistern nicht nur durch die indischen Veden, sie tauchen auch in den heiligen Schriften unzähliger anderer Völker auf. So findet man im *Samarangana Sutradhara* sogar die grundsätzlichen Konstruktionsprinzipien von fliegenden Maschinen. Oder wer weiß schon, dass sich die Jarediten, ein Stamm der Mormonen, vom Stammvater Jared ableiten – und Jared ist der »vom Himmel Herniedergestiegene«.

Mit all den hier angeführten Beispielen sollte endgültig klar sein, dass vor Jahrtausenden geflogen wurde. Sei es von wohlhabenden Familien oder von außerirdischen Lehrmeistern. Und damit wird das Motiv für die Scharrzeichnungen in der Wüste von Nazca erkennbar. Und nicht nur in der Wüste von Nazca. Dass die Steinzeitmenschen auch außerhalb des heutigen Peru Zeichen in den Boden kratzten, die nur aus der Luft erkennbar sind, belegte ich ausführlich in meinem Buch *Habe ich mich geirrt?*.[29] Hier die wichtigsten Beispiele daraus:

- Die ausgedehnten Lavafelder von Mexikos Sonora-Wüste sind mit großen, himmelwärts gerichteten Bodenzeichnungen versehen.

- Östlich von Los Angeles, unweit des Städtchens Blythe am Colorado-Fluss, liegen Scharrzeichnungen, die Menschen und Tiere zeigen.

- Dasselbe findet man beim Städtchen Sacaton im US-Bundesstaat Arizona.

- 400 Kilometer von Nazca entfernt, bei der südperuanischen Stadt Mollendo beginnend, bis hinunter in die Wüsten der chilenischen Provinz Antofagasta, wimmelt es von himmelwärts gerichteten geometrischen Figuren. Dasselbe gilt für die chilenische Wüste von Tarapacá.

- Ähnliche Bodenstrukturen finden sich in der peruanischen Provinz Arequipa.

- In England existieren vorgeschichtliche, himmelwärts gerichtete Zeichnungen an mehreren Hügeln. Beispielsweise in Form des »Weißen Pferdes von Uffington« oder des »Langen Manns von Wilmington«. Erwähnt werden müssen ebenso die Zeichnungen bei Hod Hill (Stourpaine, Dorset) und diejenigen am Chiselbury Camp (Fovant, Wiltshire).

- 200 Meilen südlich von Tabuk, nahe der jordanischen Grenze, liegen mehrere 100–200 Meter lange geometrische Figuren im Boden. Sie sind allesamt nur aus der Luft erkennbar.

- Vom Aralsee in Russland bis hinunter in die ausgedörrte Halbinsel Ustjurt wimmelt es von teils gigantischen Zeichnungen im Boden. Sie alle wurden erst in unserer Zeit durch den Einsatz von Satelliten identifiziert.

- Ähnliche Bodenstrukturen wurden in Usbekistan entdeckt. Dazu erklärte der Archäologe Wsewolod Jagodin von der Usbekischen Akademie der Wissenschaften: »Die üblichen Methoden der archäologischen Untersuchung des Gebietes sind hierfür ungeeignet. Die gigantischen Ausmaße der Anlagen machen sie vollkommen unfassbar für die menschliche Größe. Ihr Relief ist so glatt, dass man einige Hundert Male auf ihnen entlangfahren kann, ohne zu wissen, dass man sich über einem einzigartigen archäologischen Denkmal befindet. Das zyklopische System konnte bisher in einer Länge von 100 Kilometern erforscht werden. Wir sind überzeugt, dass es sich noch weiter durch das Gebiet von Kasachstan hindurchzieht.« [30]

- In der Wüste von Taklamakan im Westen Chinas liegen überdimensionierte Bilder im Boden. Dies bei den Koordinaten 38° 43' 09" N, 79° 51' 11.3" E.

- Dasselbe gilt für den Norden der Arabischen Halbinsel an der Grenze zur Wüste Nefud.

- Geometrische Figuren mit Seitenlängen von bis zu 800 Metern liegen in der saudi-arabischen Wüste von Harrat Khaybar, 65 Kilometer nordwestlich von Medina.

- In der Wüste von Macahui an der mexikanisch-kalifornischen Grenze liegen Bodenzeichnungen, die jeder Beschreibung spotten. Es handelt sich um Abbildungen von Kreisen, Rädern mit Speichen, Halbmonden und großen Wesen mit Strahlenkränzen um ihre Köpfe.

- Südlich von Kenhardt in der südafrikanischen Provinz Nordkap liegen zahlreiche Spiralen im Boden. Dazu Dreiecke und Halbkreise. Man kann sie nur aus der Luft erkennen.

- Im Nordosten Jordaniens, im Gebiet von Harrat Ash Shaam, liegen rund 1000 (!) Kreise im Boden. Sie bestehen aus weggeschobenen Steinen und nebeneinanderliegenden Löchern. Bei der Oase Azrag sind Räder und bis zu 600 Meter lange schnurgerade Linien erkennbar. In dieser Wüste weideten nie Tiere, sprudelte nie Wasser und gab es auch keine Ansiedlungen von Menschen.

- Im Nordosten von Katar, 3 Meilen südlich von Fuwayrit, liegt das Gebiet von Jebel Jassassiyeh, das durch seine Felsritzungen bekannt ist. Hinzu kommen neuerdings Bodenzeichnungen in Form von Kreisen, die nur aus der Luft sichtbar sind.

- In Chiles Atacama-Wüste, unweit des Städtchens San Pedro de Atacama, kleben Figuren, geometrische Zeichen und Linien mit Ringen an deren Ende an den ausgedörrten Hügeln. Insgesamt sind es Hunderte.

- Zwischen Indien und Pakistan liegt die »Große Wüste« Thar mit einer Fläche von rund 200 000 Quadratkilometern. Erst im Jahr 2020 wurden dort mithilfe von Satellitenaufnahmen gigantische Bodenzeichnungen entdeckt. Beim Dörfchen Boha beginnt eine 11 Kilometer lange Schlangenlinie, 5–10 Zentimeter tief in den Boden gekratzt. Bis zum Sommer 2021 konnten auf einer Länge von 48 Kilometern künstlich angelegte Figuren festgestellt werden – allesamt nur aus großer Höhe sichtbar.

Es ist doch offensichtlich: Nazca in Peru ist nicht einzigartig. Jetzt wird mir wohl niemand widersprechen, wenn ich behaupte, die Urbeduinen in Jordanien hatten ebenso wenig Kontakt mit den Aborigines in Australien wie die Indios in Südchile mit den Urmenschen in der südafrikanischen Kalahari-Wüste oder denjenigen im heutigen Pakistan. Trotzdem scharrten die Menschen vor Jahrtausenden weltweit Zeichen in den Boden, die sie selbst niemals zu Gesicht bekamen. Und was machen wir daraus? Wir ersinnen logisch erscheinende »Erklärungen«, stempeln sie als »wissenschaftlich« ab und transportieren sie in die Medien. Egal ob in TV-Dokumentationen, Büchern oder Zeitungen – allüberall lese ich dieselben Begründungen, weshalb die Steinzeitmenschen die Wüstenflächen mit Bildern schmückten. Hier die ewigen Theorien. Es handle sich um:

- astronomische Kalender,
- Stammeszeichen,
- einen Kult für die Wassergötter,
- einen Kult für die Berggötter,
- einen Kult im Zusammenhang mit dem Ackerbau,
- Grenzmarkierungen,
- Pferche für Tiere,
- Ackerparzellen,
- Pfade für sakrale Handlungen,
- Prozessionsstraßen,
- geometrische Informationen,
- Kopien von Fata Morganen,
- riesige Webereien,
- Landkarten,
- einen Kulturatlas,

Bild 9
Bild 10

- ein präinkaisches Olympia,
- Ballonstartplätze,
- Gebete an die Wassergötter oder
- Navigationspunkte für ETs.

Die wenigen Archäologen (es sind immer dieselben), die sich überhaupt mit Nazca auseinandersetzen, verkünden, die Indios hätten ihre Zeichen in den Boden gescharrt, um die Götter um Wasser zu bitten. Klingt vernünftig, stimmt aber hinten und vorne nicht. Hinsichtlich der damaligen Bevölkerung von Nazca sprechen wir nicht von Hunderttausenden von Menschen, sondern es geht um wenige Tausende. Sowohl der Nazca- als auch der Palpa-Fluss brachten Wasser von den Anden. Allerdings konnte dieses in trockenen Sommern ausbleiben, und exakt dies wussten auch die Nazca-Bewohner. Deshalb hatten sie vorgesorgt. Unter Nazca liegen künstlich angelegte Wasserröhren, die das ganze Jahr frisches, kühles Wasser von den hohen Anden nach Nazca transportieren. Diese in Nazca befindlichen Brunnen werden Puquios genannt, und niemand, der über Nazca fliegt, bekommt sie je zu sehen. [Bild 9 und 10]

Keine der bisherigen Theorien vermag das Phänomen der *weltweiten* Scharrzeichnungen unter einen Hut zu bringen. Alle Fachleute betreiben lokale Kleingeisterei. Wer sich mit der Annahme zufriedengibt, die Eingeborenen von Nazca hätten ihre Zeichen in den Boden gekratzt, um die Götter um Wasser zu bitten, mag damit selig werden. Aber der Wasserkult hat mit Sicherheit nichts mit der Riesenfigur des Cerro Unitas in Chile zu tun. Von mir aus mag man auch glauben, die ausgekratzten Rechtecke in Nazca seien Zeremonialplätze – die Bilder von San Pedro de Atacama jedoch liegen an

Bild 11

Schräghängen, wo sich keine Pilgerschar versammeln kann. In der Zeitschrift *Spektrum der Wissenschaft* erklärte Professor William Isbell, die Nazca-Bewohner hätten ihre Zeichnungen infolge einer »Beschäftigungstherapie« in den Boden gekratzt. [31] Unglaublich wissenschaftlich. Und diese Beschäftigungstherapie soll dann wohl auch für die steinzeitlichen Menschen in Saudi-Arabien oder für diejenigen am Aralsee gelten?! Es geht noch toller: Professor Helmut Tributsch erkannte hinter den Bodenzeichnungen jeweils eine Fata Morgana. [32] Die vor Jahrtausenden lebenden irdischen Dummerchen erblickten am Firmament derartige optische Täuschungen, was sie so verzauberte, dass sie im Schweiße ihres Angesichts Linien und Figuren in den Boden kratzten … Nichts als akademischer Unsinn! Zumal keiner über den Tellerrand hinauszublicken bereit ist. Es kann doch nicht so schwer zu begreifen sein, dass Bodenzeichnungen ein weltweites Phänomen darstellen. Und das Motiv ist auch klar. Es ging stets um Zeichen an die »Himmlischen«. Alle Kulturen, die sich der Mühe unterzogen, ihre Wüsten mit Zeichen zu markieren, taten es für jene Flieger am Firmament. Seien es nun menschliche Flugwagen – wie Salomons Himmelsschiff – oder die Vimanas der außerirdischen Lehrmeister. Die Menschen am Boden suchten nach Aufmerksamkeit. Sie wünschten besucht zu werden, wollten Kontakt mit jenen »Himmlischen«.

Da bleibt noch das Rätsel der sogenannten »Pisten«. Hatten die Leserbriefschreiber nicht moniert, in Nazca würden nur Bodenzeichnungen und schmale Linien existieren, aber keinerlei breite, »flugpistenähnliche« Gebilde?

Damit greife ich nun ein Thema auf, über das ich mich Jahr für Jahr ärgere, weil sowohl in der wissenschaftlichen Literatur als auch in den TV-Dokumentationen tatsächlich nie von »pistenähnlichen« Formationen die Rede ist. Und Bilder davon sieht man ohnehin keine. Mein Vorwurf an die Macher dieser Veröffentlichungen und Dokumentationen lautet: Entweder wisst ihr nichts, oder es wird knallhart gelogen. Beides ist zutiefst unwissenschaftlich. In bisher immerhin 21 Büchern schrieb ich über Nazca, und in 18 davon zeigte ich eindrucksvolle Bilder von »Pisten« auf dem Wüstenboden von Nazca. Nunmehr zeige ich sie nochmals – zum 19. Mal. Wer nicht gerade blind ist, dürfte sie ohne Schwierigkeiten erkennen. [Bild 11–15] Doch wozu dienten die Pisten in Nazca überhaupt? Und von wem stammen sie?

Die erste Piste – der künstlich abgeschnittene Berg mit den Zickzacklinien darunter – stammt vermutlich von den ursprünglichen Göttern. Die benötigten zwar auch keine Pisten für ihre Landungen – aber sie bauten irgendwelche Rohstoffe ab. Der Berg ist eindeutig künstlich abgeflacht worden. Um das zu erkennen, muss man nur die Berge der Umgebung hinzuziehen. Sie alle laufen von beiden Seiten auf die jeweilige Bergspitze zu – im Gegensatz zur Piste auf dem abgeflachten Berg. Wo aber blieb der Aushub? Ich habe die Gegend stundenlang abgeflogen – nirgendwo liegt eine Abraumhalde. Später kamen die fliegenden Vehikel der Menschen hinzu. Die Vimanas oder Salomons lärmige Maschine. Nicht auszuschließen ist, dass für diese irdischen Fahrzeuge rechteckige Flächen weggescharrt wurden. Nicht im Sinne heutiger Flugpisten, denn die antiken Flieger landeten und starteten nicht mit hohen Geschwindigkeiten. Sie benötigten keine Pisten. Salomons Flugmaschine – beispielsweise – war vermutlich eine Art steuerbarer Heißluftballon. Ein Flugschiff. Alte Beschreibungen weisen darauf hin, dass Salomon etwa alle 2000 Kilometer einen Tankstopp einlegen musste – bei den sogenannten Takt-i-Suleimans. Diese liegen entlang schnurgerader Strecken in den jeweiligen Ländern, und hier mussten die Menschen für Salomon Öl und Wasser bereithalten. Dieses Öl wurde angezündet, es produzierte Heißluft. Die wiederum betrieb einen primitiven Propeller nach dem Prinzip einer Dampfmaschine und leitete die Hitze in den Ballon zum Aufstieg. Für all dies war keine Piste im heutigen Sinne nötig,

Bild 12

Bild 13

doch Abstell- oder Ruheflächen kann man sich sehr wohl vorstellen. Vielleicht existierte ursprünglich auch nur eine einzige trapezoide Fläche – ein Abstellplatz –, und die späteren Generationen legten neue derartige Flächen an. Wozu? Sie kopierten das Alte und hofften, durch neue Flächen neue »Flieger« anzulocken.

Immer wieder lese ich auch den Einwand, der Untergrund von Nazca sei zu weich, um ein schweres Fahrzeug zu tragen. Es ist mir schleierhaft, wer diesen Unsinn ursprünglich erfand. Erstens: Die himmlischen Fahrzeuge waren nicht schwer. Es ging nie um 100 000 Tonnen oder ähnliche Gewichte. Zudem sind Wüstengebiete durchaus für Landungen geeignet, man denke nur an die amerikanische Mohawe-Wüste, in der mehrere Space Shuttles landeten. Zweitens führt quer durch die Ebene von Nazca die weltberühmte Panamericana, ein System von

Bild 14

Bild 15

Schnellstraßen, das von Alaska nach Feuerland im Süden Chiles führt. Da brettern in beiden Richtungen 40-Tonner über die inzwischen asphaltierte Strecke. Wenn sie sich begegnen, ja vielleicht sogar einmal nebeneinander stillstehen, drücken sie mit 80 Tonnen auf den Boden. Nichts da von »weichem Untergrund«! Auch früher, als die Strecke noch nicht asphaltiert war, gab es keine Probleme.

Bleiben die Scharrzeichnungen, die in vielen Fällen Tiere darstellen. Jahr für Jahr werden neue entdeckt, und Jahr für Jahr wiederholt sich das Spektakel in Form von TV-Dokumentationen. In ihnen wird demonstriert, wie die braune Oberfläche des Wüstenbodens weggekratzt wird und ein hellerer Untergrund erscheint. Alles richtig. Ich hatte nie etwas dagegen. Die emsigen Urvölker Nazcas erbrachten diese wunderbare Leistung ohne Hilfe von außen. Es waren Zeichen *für* die Götter. Das Einzige, was richtigzustellen bleibt, sind die Ausmaße dieser Scharrzeichnungen. In den Medien wird stets suggeriert, sie seien extrem groß und sogar von im Orbit kreisenden Satelliten aus erkennbar. Das stimmt so nicht. Vom Weltall aus ist keine einzige Scharrzeichnung zu erkennen (zumindest nicht mit unbewaffnetem Auge von einer Raumkapsel oder Raumstation aus) – wohl aber die langen Linien und »Pistas«. Und exakt die werden in den Dokumentationen nicht gezeigt. Im Vergleich zu den schmalen Linien und den »Pistas« sind die Scharrzeichnungen ein Klacks in der Wüste. Der Fisch ist gerade einmal 25 Meter lang, die Spinne 46 Meter, der Affe 60 Meter und der Kondor 110 Meter. Die längste der Bodenzeichnungen stellt einen Kolibri dar – mit 250 Metern Ausdehnung.

Weshalb zeigt und behandelt die Wissenschaft lediglich die Scharrzeichnungen, nicht aber die »Pistas«? Die Erklärung ist dieselbe wie beim »Schachbrettmuster« und dem »Mandala«. Man weiß nichts darüber. Die Bilder sind fremd. Sie sind vollkommen anders und passen nicht zu den Figuren im Boden. Hätten die Eingeborenen die las pistas geschaffen, so wäre man stolz darauf und würde erklären: »*Unsere* Vorfahren waren es, die das schufen!« Man hätte etwas darüber zu erzählen. Da ist aber nichts. Gar nichts; überliefert wurde, woran man sich erinnert und was dem eigenen Nationalstolz dient. Daher das Schweigen.

Kapitel 3
Unmögliche Technologien

Leserzuschriften

4. Januar 2021

Sehr geehrter Herr von Däniken,

ein pensionierter Doktor aus Dresden hielt vor Kurzem einen Vortrag, in dem es darum ging, dass die Gesteinsoberflächen bestimmter Bauten zwischen Machu Picchu und dem Titicacasee ungewöhnlich geschmolzen aussehen. Besonders komisch war das »Tor zu den Göttern« oder auch »Puerta del Sol« genannt [in Hayu Marca, Peru]. Es sieht aus, als wäre da eine Tür in den großen Steinblock gemeißelt worden, aber es existiert gar keine Tür. Der Doktor meinte ... auch, es würde [so] aussehen, dass vor 10 000–15 000 Jahren ein gewaltiger Strahl aus dem All auf die Erde getroffen sei, der derart heiß war, dass er Steine schmolz. Vergleichbar einem Schneidbrenner, den man heute verwendet, um Metalle zu schneiden. Mich würde Ihre Meinung dazu interessieren.

28. Mai 2008

Verehrter Herr von Däniken,

Sie haben ja eine ganze Menge veröffentlicht, geben aber nirgendwo eine Auskunft darüber, wie denn nun eigentlich die Wunder geschehen sein sollen. Sie dokumentieren unmögliche Bauwerke im Hochland von Peru, zeigen zerschnittene Felswände und verglaste Partien, erklären aber nicht, WER es denn nun WIE gemacht hat. Das vermisse ich. Ich wäre dankbar für eine Nachhilfestunde.

2. Januar 2021

Sehr geehrter Herr von Däniken,

Ihr Tätigkeitsfeld veranlasst mich, Ihnen eine Frage zu stellen, die mir bei der Betrachtung der alten Baudenkmäler gekommen ist. Nach wie vor wird weltweit darüber gerätselt, wie man mit den einfachen Mitteln der damaligen Zeit derartige Bauten errichten konnte, denn allein mit Muskelkraft funktioniert es nicht.

Ich habe leider die Länder nicht bereisen können, und mein Wissen stammt ausschließlich aus Büchern und TV-Dokumentationen. Dabei ist mir aufgefallen, dass beispielsweise die alten Ägypter ihren Alltag detailliert in Bildern und Schriften an fast allen Gebäuden festgehalten haben, nur nie, WIE sie es getan haben. Über die Arbeitstechniken wird geschwiegen. Bisher habe ich mehrere deutsche Archäologen auf diese Diskrepanz hingewiesen, aber von niemandem eine Antwort bekommen. Die fehlende Dokumentation über die Baukunst ist unlogisch. Schließlich sind derartige Bauwerke ohne Pläne und Arbeitsanweisungen nicht zu errichten. Aber im Verlauf der 3000-jährigen Geschichte Ägyptens soll niemand Bilder über die Bautechnik hinterlassen haben? Ich wäre Ihnen sehr dankbar, wenn Sie mir Ihre Gedanken zu diesen Fragen übermitteln würden.

August 2020

Verehrter Herr v. D.,

an dieser Stelle erst einmal ein großes Dankeschön für Ihre immer sehr interessanten Bücher, die ich mit großer Begeisterung seit vielen Jahren lese. Dabei kam mir ein Gedanke, mit dem man vielleicht zwei Theorien in Einklang bringen könnte. So bin ich absolut überzeugt davon, dass die Cheopspyramide und andere Bauwerke viel älter sind als allgemein angenommen. Das belegen unter anderem die oft fehlenden Hieroglyphen und Malereien – wo doch jedes Bauwerk aus bekannten Zeiten von »oben bis unten« bemalt und bekritzelt wurde –, nur eben einige, die älteren darunter, nicht. In Ägypten werden üblicherweise die Namen der Herrscher erwähnt, aber ausgerechnet beim größten Bauwerk, der sogenannten Cheopspyramide, taucht kein Buchstabe und keine Glyphe auf. Könnte es nicht sein, dass Cheops (und andere) [Vorhandenes] bloß restaurierten und Tempel darum herum errichteten, so wie wir heute verfallene Häuser sanieren?

20. Dezember 2020

Sehr geehrter Herr von Däniken,

haben Sie je von den »Metallröhren von Qaidam« [China] gelesen? Bei YouTube finden Sie ein gleichnamiges Video darüber.

28. Dezember 2020

Geehrter Herr von Däniken,

ich befasse mich nur selten mit der Erdgeschichte und mit alten Kulturen. Immerhin ist mir aufgefallen, dass viele alte Kultstätten auf Schnittpunkten von Energielinien liegen. Sollte meine Vermutung richtig und die Bauwerke zur Bereitstellung von Energien genutzt worden sein, dann wäre es auch möglich, dass derartige Energielinien aufgrund des gegenwärtigen Zustandes unseres Erdmagnetfeldes heute nicht funktionieren. Ich nehme an, dass die notwendigen Bedingungen nur dann gegeben sind, wenn das Magnetfeld der Erde sich wieder verändert und ein neuer Polsprung stattfindet. Ein derartiger Polsprung ereignet sich nur alle paar Tausend Jahre. Dies würde erklären, weshalb die alten Energielinien heute nicht mehr aktiv sind. Bitte behandeln Sie meine persönlichen Daten vertraulich und nutzen Sie diese nicht in irgendwelchen Medien.

28. Januar 2020

Verehrter Herr von Däniken,

wir hatten schon einmal [miteinander] korrespondiert. Diesmal bin ich im Urlaub und lese Ihr aktuelles Buch Neue Erkenntnisse. *Auf Seite 150 berichten Sie von Steinen, die unter UV-Licht Symbole zeigen. Hat je irgendwer die hohen Wände der Großen Galerie in der Cheopspyramide mit UV-Licht angestrahlt? Diese Wände zeigen bekanntlich keine Schrift und bestehen doch immerhin aus rund 800 Quadratmetern Fläche. Eigentlich prädestiniert für Inschriften. Davon ausgehend, dass die Pyramiden, insbesondere die Cheopspyramide, den Zweck haben, Informationen über Jahrtausende zu bewahren, vor Grabräubern und falschen Ideologien zu schützen und erst in einer fernen Zukunft [das] freizugeben, [was sie bewahren], wäre es doch ideal, derartige Schriften »unsichtbar« zu gestalten. Auf dass sie erst in einer fernen Zukunft mittels UV-Licht lesbar werden.*

Dezember 2020

Sehr geehrter Herr von Däniken,

ich frage mich, in welchem Zusammenhang Licht und Schatten im ursprünglichen Bauplan der Großen Pyramide eine Rolle spielten. Gab es Wiederholungen für bestimmte Licht-Schatten-Spektakel? Eine hoch entwickelte Kultur könnte sich auch nach dem Licht ausgerichtet haben. Deshalb meine Frage: Gibt es wiederkehrende Licht- und Schattenrituale?

9. November 2020

Guten Abend Herr von Däniken,

bereits in meiner Schulzeit stellte ich die offiziellen Erklärungen im Geschichtsunterricht infrage. Besonders der Bau der Großen Pyramide hatte es mir angetan. Ich konnte mir nicht vorstellen, wie eine Zivilisation aus der Bronzezeit diesen Bau hätte bewerkstelligen sollen. Als ich schließlich mit Ihren Videos auf YouTube in Berührung kam, ergab alles einen anderen Sinn. Jetzt fühle ich mich als ein Teil einer wachsenden Community mit dem gleichen Ziel. Inzwischen bin ich Student an der Hochschule in XY, und meine Begeisterung für Archäologie hat nie nachgelassen. Deshalb die Frage: Kann man Sie mal persönlich treffen? Vielleicht zu einem Glas Wein in einem Restaurant Ihres Heimatdorfes?

12. September 1998

Lieber Herr von Däniken,

schauen Sie unbedingt in folgende Information hinein: https://www.smithsonianmag.com/smart-news/archaeologists-find-clock-face-layout-amazon-villages-180976553/. *Dort erfahren Sie, wie mithilfe von Satelliten ganze bislang unbekannte Siedlungen im kolumbianischen Urwald entdeckt wurden. Würde es nur um diese Siedlungen gehen, wäre nichts Besonderes daran. Doch die Siedlungen sind eindeutig in Form von Sternsystemen angelegt worden. Von einigen der Siedlungen gehen Strahlen aus, die zu anderen Siedlungen weisen. Deshalb nennt man sie heute* sois, *das [ist das] portugiesische Wort für »Sonne«. Die Strahlen weisen sogar auf Siedlungen im brasilianischen Ama-*

zonasgebiet hin. Die meisten dieser Siedlungen bestehen aus rechteckigen Formen und sind im Grunde klein. Einige haben nicht mal eine Seitenlänge von 100 Metern. Es ging also nicht um Wohnsiedlungen. Das ganze System widerspiegelt bestimmte Sternkonstellationen. Dieser Meinung sind auch die beteiligten Wissenschaftler. Es müsste Ihnen, Herr von Däniken, doch zu denken geben, wenn sich beweisen lässt, dass Steinzeitkulturen im kolumbianischen und brasilianischen Amazonasgebiet relativ kleine Punkte [Siedlungen] in ihren Gebieten errichteten, die in Wirklichkeit riesige Konstellationen am Firmament widerspiegeln.

8. Mai 1982

Verehrter Herr von Däniken,

wenn es nach den Überlieferungen einst regelrechte Atomkriege auf der Erde, doch auch im Weltall, gab, müsste es doch von [entsprechenden] Trümmern [nur so] wimmeln. Wo sind die? Auf Ihre Antwort bin ich gespannt.

18. Juli 1999

Liebe Freunde,

ich bin Mitglied der AAS und habe Interesse an dem ägyptischen ANK-[Anch-]Schlüssel. Die goldene Scheibe, die darauf zu erkennen ist, kann schwerlich die Sonne sein, denn sie kommt gleich neunmal vor. Zudem wirkt das ANK-[Anch-]Kreuz entweder positiv oder negativ – je nachdem, ob es als Waffe eingesetzt wurde [oder nicht]. Kann mir jemand Literatur empfehlen, die sich ausschließlich mit diesem ANK-[Anch-]Schlüssel beschäftigt? Bei der Google-Suche stößt man bei [Eingabe des Begriffes] »Ank« [Anch] auf nicht weniger als 9,3 Millionen Informationen. Wo soll man da anfangen?

24. September 2016

Guten Abend Herr von Däniken,

ich schreibe aus Griechenland und möchte Sie informieren, dass der griechische Archäologe Aris Poulianos in einer alten Höhle im Norden Griechenlands menschliche Skelette gefunden hat, die 1 Million Jahre alt sind. Falls Sie meine Mitteilung interessiert, helfe ich Ihnen gern weiter.

23. August 2020

Sehr geehrter Herr Däniken,

schon seit geraumer Zeit folge ich Ihren filmischen Vorträgen. Nun bin ich arm, schwerbehindert und 60 Jahre jung und kann es mir nicht leisten, in die Schweiz zu reisen, um Ihren Vorträgen zu folgen. Ich glaube eigentlich weniger an Außerirdische, die verschiedene Völker besucht haben sollen. Heute leben wir auf einem Planeten, der zu 95 Prozent mit Menschen besetzt ist, von denen 2 oder 3 Prozent immer noch in der Steinzeit vegetieren. Vor Hunderttausenden von Jahren war das Verhältnis vielleicht umgekehrt. Doch dann kamen Kriege und Naturkatastrophen, und die Zivilisationen gingen zugrunde. Nach einer

Vernichtung würde man von Köln in wenigen Jahrhunderten nichts mehr vorfinden. Die Natur hätte sich alles zurückgeholt. Deshalb finden wir nichts von der alten Zivilisation, und selbst der Grieche Platon wusste das, als er seine Zuhörer über den Untergang von Atlantis informierte. Wörtlich sagte er, die Erde hätte schon mehrere Vernichtungen hinter sich.

1. Februar 2021

Geehrter Herr von Däniken,

ich schicke Ihnen einige Bilder mit einer Versteinerung, die ich vor Jahren im Harzgebirge Deutschlands gefunden habe. Ich erkenne darin einen Schädel mit einem Helm. Nun habe ich die Bilder bereits mehreren Archäologen verschiedener Universitäten geschickt. Entweder bekam ich keine Antwort, oder man ließ mich wissen, derartige Versteinerungen existierten zu Tausenden und sie seien nichts Besonderes. Sehen Sie das auch so?

27. Januar 2021

Sehr geehrter Herr von Däniken,

vor Kurzem ließ mich ein Gedanke nicht mehr los. Daher wende ich mich an Sie in der Hoffnung, dass Sie meinen Gedanken freundlicherweise widerlegen, mir hierzu Literatur empfehlen können oder ihn sogar aufgreifen. Es geht um Folgendes:

Die Ausgrabungsstätte Mohenjo-Daro (in Pakistan) wird immer wieder voller Staunen und mit Ungläubigkeit in entsprechenden Veröffentlichungen erwähnt. Ebenso die dort auftre-

tenden Verglasungen von Steinen und die ungewöhnliche Lage der aufgefundenen Skelette. Etwas seltener, so scheint es mir, wird über die vorhandenen Strahlungswerte in den Knochen und in Ascheschichten berichtet. Ich möchte nicht rücksichtslos erscheinen, denn es gibt bestimmt erfreulichere Themen, denen man sich widmen kann. Dennoch frage ich mich schon seit Langem, weshalb gerade in Ländern des Nahen Ostens bis hinein nach Indien immer wieder schwerste Missbildungen bei Neugeborenen auftreten. Was ist die Ursache für diese Missbildungen?

Existieren Vergleiche/Statistiken aller Länder dieser Welt, aus denen die Häufigkeit und die Art von Missbildungen hervorgehen? Welche Unterschiede bestehen in der Art von Missbildungen, die durch atomare Strahlung entstehen, und solchen, die durch den Einsatz von medizinischen Präparaten (zum Beispiel Contergan) hervorgerufen wurden? Sind bestimmte Missbildungen eher gleichmäßig über die ganze Welt verteilt, oder treten sie in bestimmten Regionen häufiger auf? Wie vererbt sich atomar geschädigtes Erbgut weiter? Könnten medizinische Daten über die Häufung von Missbildungen im Nahen Osten [im Vergleich] mit Pakistan und Indien Auskunft geben? Ließe sich anhand von Vergleichswerten ein zeitlicher Rahmen abstecken, wann ein entsprechendes Ereignis geschehen sein könnte?

Sicherlich bin ich nicht der Erste, der hier eine mögliche Verbindung sieht. Bisher habe ich allerdings nirgendwo etwas darüber lesen können. Kennen Sie Mediziner oder andere Wissenschaftler, denen es möglich wäre, sich eingehender mit dieser Thematik zu beschäftigen? Bitte lassen Sie es mich wissen.

27. Februar 2020

Schönen guten Tag!

Auf Google Earth habe ich gerade bemerkt, dass auf dem Gebirgspass zwischen Zaranki und Hasna in Ungarn riesige Statuen stehen. Kennen Sie die?

8. Juni 1989

Herr von Däniken,

immer wieder schreiben Sie über alte Steine, die mit den damals zur Verfügung stehenden Werkzeugen nicht hätten bearbeitet werden können. Sind sie auch nicht! Schon seit über 100 Jahren reißen Archäologen und Grabräuber alte Bauwerke auf und benutzen dazu unsere Werkzeuge. All die Spuren, die Sie Außerirdischen unterjubeln wollen, sind schlicht die Bearbeitungsspuren unserer eigenen Generationen. So einfach ist das.

13. Februar 2020

Sehr geehrter Herr von Däniken,

ich habe eine absolute Rarität anzubieten. Vielleicht haben Sie Interesse oder kennen jemanden, der daran Interesse hat. Es geht um eine Felszeichnung mit außerirdischen Motiven. Das Bild hat eine Größe von 110 mal 148 Zentimetern. Das Motiv ist eine faszinierende Felszeichnung im Ferganabecken, Usbekistan, östlich des Aralsees. Das Alter des Originals wird auf rund 10 000 Jahre geschätzt. Auf dem Bild sind zwei außerirdische

Astronauten bei Vermessungsarbeiten zu sehen und ein dritter, der das Raumschiff steuert. Ein wahrer Schatz für die Freunde der Exo-Archäologie. Das Bild ist hier zur Abholung bereit und wird nicht verschickt. Der Originalpreis liegt bei 2000,– Euro. Dieselbe Felszeichnung wird auch in Waxmanns Buch Unsere Lehrmeister aus dem Kosmos *erwähnt. Von diesem Autor habe ich damals das Bild auch gekauft.*

3. Juli 2020

Sehr verehrter Herr von Däniken,

ich heiße Jan, werde am 10. Juli 25, bin ein großer Fan Ihrer Ausarbeitungen und verfolge regelmäßig Videos und auch einen Teil Ihrer Bücher. Ich finde die Rückschlüsse, die Sie ziehen, äußerst interessant, und trotz skeptischer Blicke, die einige Ihrer Aussagen bei mir erzeugen, ziehen mich Ihre Arbeiten immer wieder in den Bann. Mein großes Lob für Ihre Arbeit! Ich mache selbst Musik und wollte Sie fragen, ob ich Ihr Zitat »Die Götter waren Astronauten« als Aussage in einem meiner Tracks verwenden darf. Dies in einem humoristischen und keinesfalls despektierlichen Kontext.

15. Juni 2020

Hello Mister Daeniken,

ich heiße XY und bin Doktor der Archäologe im Iran. Ich habe einige Ihrer Bücher gelesen und vermisse darin Recherchen über den Iran und den Islam. Ich möchte Ihnen diesbezüglich gern wei-

terhelfen. Der Iran hat eine sehr alte und große Kultur. Hier gibt es unzählige vorgeschichtliche Bauwerke, die mit einer unglaublichen Technologie errichtet wurden. Ich würde meine Informationen gern mit Ihnen teilen. Können wir persönlich kommunizieren? Ich möchte mich wirklich mit Ihnen unterhalten, denn ich glaube an Ihre Gedanken. Hier meine persönliche Telefonnummer: …

20. August 2020,

Dear Mr. Daeniken,

in Tibet liegt der Mount Kailash. Er ist 6714 Meter hoch und wird von den Hindus, Buddhisten, Jainas und Ayyavazhi als heilig betrachtet. Der Berggipfel wird von fünf Klöstern eingerahmt, deren Religionen mit dem Berg eng verbunden sind. Nach dem Glauben der Hindu-Religion residiert Lord Shiva gemeinsam mit seiner Frau Parvati in der Bergspitze. Im Hindu-Buch Vishnu Purana *wird versichert, der Berg habe vier Gesichter, die aus Kristall, Gold, Lapislazuli und Rubin bestehen. Bergsteiger, die den Mount Kailash erklimmen möchten, sind mit vielen Schwierigkeiten konfrontiert. Vor einigen Jahren gab die chinesische Regierung einer spanischen Gruppe die Erlaubnis, den Berg zu besteigen, doch nach vielen Einwendungen der lokalen Bevölkerung wurde die Bewilligung wieder zurückgezogen. Einer Gruppe von amerikanischen Campern, die an der Südseite des Berges ihre Zelte aufgeschlagen hatten, geschah Seltsames. Innerhalb von 12 Stunden wuchsen sowohl ihre Körperhaare wie auch ihre Fuß- und Fingernägel so schnell wie üblicherweise in 2 Wochen. Russische Gelehrte haben sogar vorgeschlagen, der ganze Berg sei eine künstliche Pyramide mit kleineren Bauwerken darum herum. Auch ranken sich seltsame*

Geschichten um die beiden Seen am Berg, den Manasarovar- und den Rakshas-See. Der Manasarovar ist still und flach, während der Rakshas ständig von Wellen durchwühlt wird. Camping-Gruppen meldeten, sie hätten von unter Wasser immer wieder fremde Geräusche vernommen und eigenartige Farben bemerkt. Es gibt lokale Sagen, die meinen, die Saptarishis, die man auch »die sieben Weisen« nennt, würden in diesem See baden. Tibetanische Überlieferungen meinen, im Berg existiere eine Kraft, die die Realität und das Bewusstsein, ja sogar die Zeit verändere. Was stimmt nicht mit diesem Berg? Wenn Sie am Berg interessiert sind, könnte ich Ihnen lokal weiterhelfen. Meine Familie lebt in Lhasa (Tibet), und bis zum Fuß des Mount Kailash könnte ich Sie begleiten.

16. Februar 2021

Dear Mister von Daeniken,

ich sah ein Interview mit Ihnen auf YouTube, und dies brachte mich auf den Gedanken, Ihnen zu schreiben. Vor einigen Jahren besuchte ich Kapadokien (Türkei) und dort auch einige der unterirdischen Städte, über die Sie auch geschrieben haben. Ich bin auch mit einem Heißluftballon über die Gegend geflogen. Dabei machte uns der Ballonpilot ausdrücklich auf einen Berg aufmerksam, dessen Spitze eindeutig künstlich abgetragen worden war. Wenn Sie es wünschen, kann ich den Ballonpiloten anfragen, wo exakt sich der Berg befand und wie er heißt. Zusätzlich möchte ich Ihre Aufmerksamkeit auf die alte Stadt von Paulus, Tarsus, rund 40 Kilometer westlich von Adana [befindlich], lenken. Dort liegt ein gigantisches Gemäuer, über das selbst die lokalen Archäologen nicht wissen, wer die Mauer errichtete und wann dies geschah. Es geht immerhin um eine rechteckige Mauer aus geschliffenen und polierten Blöcken von je 5 Metern Länge. Ursprünglich dachte man, es handle sich um die Überreste eines römischen Tempels, doch inzwischen ist man von dieser Meinung abgekommen. Die Mauer ist deutlich älter und passt nicht in die römische Bauweise. Irgendwie erinnern mich die Steinblöcke an Baalbek im Libanon. Sie sollten hinkommen. Die Gegend heißt Donuktas Mabedi und liegt bei Tarsus.

12. März 2021

Lieber Herr von Däniken,

ich möchte Sie auf eine Veröffentlichung des naturwissenschaftlichen Magazins Nature *vom 5. Juni 2020 aufmerksam machen. Dort wird über die »größte Monumentalanlage der Maya« berichtet. Ein internationales Forscherteam entdeckte mit der sogenannten Lidar-Technik in der Grenzregion von Mexiko zu Guatemala eine Fülle von auffälligen Bodenstrukturen. Darunter einen riesigen Komplex auf einem künstlich aufgeschütteten, rechteckigen Plateau von 1,4 Kilometern Länge und 400 Metern Breite. Dieses Rechteck überragt die umliegende Gegend um 15 Meter und muss dementsprechend auf der gesamten Fläche aufgeschüttet worden sein. Von diesem Hauptplateau aus führen über große Rampen neun Straßen in verschiedene Himmelsrichtungen, die längste davon ist sage und schreibe 6,3 Kilometer lang. Weitere Komplexe und mehrere künstlich angelegte Wasserreservoirs liegen in der Umgebung verstreut. Herr Takeshi Inomata von der University of Arizona sagte den Journalisten: »Nach unserem Wissen ist dies die älteste jemals im Mayagebiet gefundene Monumentalkonstruktion und die größte in der ge-*

samten präspanischen Geschichte dieser Region. Radiokarbondatierungen ergaben ein Alter von 3200 Jahren.«

Unverständlich daran ist die Tatsache, dass die gewaltige Anlage um das Jahr 750 vor Christus wieder aufgegeben wurde. Die Bewohner verschwanden und ließen ihre eindrucksvollen Bauten zurück. Anhand von Lidar-Aufnahmen konnte berechnet werden, dass allein zum Bau der Hauptplattform bis zu 4,3 Millionen Kubikmeter Erde und Gestein aufgeschüttet wurden. Die gesamte Anlage müsste mindestens 13 Millionen Arbeitstage erfordert haben. Das Gesamtgebiet liegt in Aguada Fénix [mexikanischer Bundesstaat Tabasco, Anm. EvD] und besteht aus horizontalen Plattformen. Die Vergangenheit – so scheint mir – wird immer rätselhafter. Wie soll eine Mayakultur 13 Millionen Arbeitstage aufgebracht haben, um eine gewaltige Anlage zu errichten, und sie anschließend sang- und klanglos wieder zu verlassen. Haben Sie vielleicht eine Idee dazu?

1. Februar 2021

Verehrter Herr von Däniken,

Sie müssen unbedingt die aktuelle Ausgabe der Zeitung Der Standard *lesen. Dort wird von archäologischen Funden unter Wasser berichtet. Man erfährt, dass der Meeresspiegel vor rund 25 000 Jahren um rund 120 Meter niedriger lag als heute. Dementsprechend gab es damals Landverbindungen, die heute nicht mehr existieren. In einer breit angelegten Studie, veröffentlicht im Fachjournal* Geographical Review, *schreibt der Geograf Dr. Jerry Dobson von der University of Kansas, USA, die damals trockenen Landstriche hätten insgesamt eine Fläche von der Größe Südamerikas ergeben. Er bezeichnet diese Flächen mit dem Wort »Aquaterra«. Als Beispiel wird [das] Doggerland erwähnt, das heute mitten in der Nordsee liegt. Dort existierte bis vor wenigen Jahrtausenden eine Landverbindung zwischen Großbritannien und dem übrigen Europa. Archäologische Funde unter Wasser brachten Speere, Bogen und Werkzeuge von steinzeitlichen Jägern an die Oberfläche. Vor rund 8000 Jahren stieg das Meer über [das] Doggerland. Die Bewohner hatten ihre Felder schon vorher verlassen. Eine andere Verbindung war diejenige von Beringia – ein Landstrich zwischen Sibirien und Amerika. Früher nahm man an, dass die Menschen von Nordeuropa aus über diese Beringstraße nach Amerika wanderten. Heute weiß man, dass es auch umgekehrt ging. Südamerikanische Kulturen breiteten sich Richtung Norden aus und erreichten so auch Europa. Dabei war diese Beringstraße keine schmale Verbindung, wie das Wort »Straße« vortäuscht. Es ging um weite Landstriche. Bekannterweise war auch Grönland einst grün und hieß deshalb »Greenland«. Aufgrund von Funden alter Boote weiß man auch, dass vor Jahrtausenden ein reger Küstenverkehr betrieben wurde. Auf solche vorgeschichtlichen Boote haben die Archäologen Giorgio Spada und Gaia Galassi von der Universität Urbino, Italien, hingewiesen. Die Boote wurden an den Küsten mehrerer Inseln gefunden, die heute unter Wasser liegen. Die Autoren des Artikels im* Standard *weisen auch darauf hin, dass die Suche nach Ruinen unter Wasser insbesondere im Mittelmeerraum sehr aussichtsreich sein könnte. In der Straße von Sizilien wurde kürzlich ein Monolith gefunden, der vor mindestens 10 000 Jahren bearbeitet worden war. Sogar das Schwarze Meer, das heute über den Bosporus, das Marmarameer und die Dardanellen mit dem Mittelmeer verbunden ist, war vor 10 000 Jahren eine einzige Landverbindung.*

Ich weiß, verehrter Herr von Däniken, dass Unterwasserarchäologie teuer ist. Deshalb frage ich Sie, ob vielleicht Ihre Stif-

tung Finanzen für derartige Projekte freimachen könnte? Die Archäologen Dobson, Spada und Galassi wären dafür die idealen Ansprechpartner. Zurzeit sind sie mit Projekten an der Straße von Hormus zwischen dem Iran und Oman sowie auch an der Seestraße von Malakka zwischen Malaysia und Sumatra beschäftigt.

Es muss Sie doch reizen zu erfahren, was in Regionen geschah, die seit Jahrtausenden unter Wasser liegen. Möglicherweise finden Sie dort Ihre heiß gesuchten Spuren der Götter. Denn unter Wasser könnte sich so manches erhalten haben, was an der Oberfläche verloren ging.

1. Juli 2020 und 8. März 2021

Sehr geehrter Herr von Däniken,

als gelernter Steinbildhauer habe ich in 51 Jahren beruflicher Arbeit zig Tonnen von Granit, Lava, Sandstein etc. für Skulpturen abgearbeitet. Daher faszinieren mich die uralten Steinarbeiten als Beweise für den hohen Stand des damaligen Könnens. Ich nehme ein Beispiel aus Ihrem Buch Unmögliche Wahrheiten. *Dort zeigen Sie Bilder von Steinarbeiten bei Cuzco, Peru. Hier aber handelt es sich nicht um eine klassische Steinmetzarbeit »mit Meißel und Hammer«. Die Vertiefungen sind Fräslinien, freihändig mit einem motorisierten Fräskopf gemacht, vergleichbar mit heutigen Diamantfräsern. Es handelt sich auch nicht um eine Gestaltungsarbeit, sondern um eine technische Hilfskonstruktion, um Gusskanäle und Sicherungspunkte. Man hat eine hitzeunempfindliche Negativform vor einer gestalteten Tür- oder Fensterumrahmung in und vor diese Öffnung gestellt, seitlich und rundherum alles abgedichtet bis auf die Luftaus-*

trittsöffnungen im Modell oben. Dann konnte man den Hohlraum mit glühend flüssigem Metall (Kupfer?) ausgießen. Nach dem Ausschalen hatte man ein Portal. Da es sich um Hartgestein handelt, wird man wohl keine Spuren des Metalls mehr finden. Wegen der gusstechnischen Kriterien sollte man einen Gießereimeister fragen.

Zu Ihrem Buch Neugierde verboten!*: Auf Seite 209 wird die Frage gestellt, woher die antiken Völker eine solch komplexe Bearbeitungstechnik kannten. Eigentlich ist die Antwort ganz einfach. Jeder Schreiner macht das, kann das, mit Holz, sogar mit Zinken und Zapfen, bei Schränken und Schubladen, bei Treppen, bei Altären und Särgen. Es ist uraltes, handwerkliches Können und Geschick, diese Dinge zu planen und zu bauen. Bei den großen Steinmauern verschiebt sich nur der Zeitraum um zig Tausend Jahre zurück, als eine andere Zivilisation andere Werkzeuge und Geräte zur Verfügung hatte.*

Zur Großen Pyramide habe ich folgende Rechnung gemacht: Wenn dafür angeblich 1,5 Millionen Steine innerhalb von 20 Jahren verarbeitet wurden, dann hätten täglich 200 Blöcke aus dem Berg gebrochen werden und auch in die richtige Form gebracht, [also] bearbeitet, transportiert und eingebaut werden müssen. Dazu hätte eine ganze Natursteinindustrie mit Hunderten von Steinbauerbuden betrieben werden müssen. Mit Hartmetallwerkzeugen und Flugtaxis für den Einbau. Wer da noch von Rampen schwafelt, sollte wieder im Kindergarten arbeiten. Eine Spezialabteilung wäre für die Berechnungen und Zuarbeitungen der Kammern und Schächte zuständig gewesen, ebenso für die Außenverkleidung. Selbst wenn man die Bauzeit verdoppelt oder sogar verdreifacht, wird die Rechnung nicht einfacher. Die Schächte und die Stollen kenne ich nur von Fotos aus Büchern. Würden wir heute so etwas bauen, fände man überall die Dübellöcher für die Befestigung der Belüftungs- und Lichtleitun-

gen, eventuell auch für die Lastenaufzüge, für die Abertausende Kubikmeter Schutt, den man schließlich hinausschaffen musste. Für mich ist klar, das waren andere, die das gemacht haben. Diese Spurensuche muss weitergehen.

2. Februar 2013

Sehr geehrter Herr von Däniken,

meine Frau und ich lesen Ihre Bücher seit den [19]70er-Jahren mit Begeisterung, und wir verfolgen auch die Sendereihe der Ancient Aliens, *an der Sie ja beteiligt sind. Nach meiner Pensionierung 2007 konnte ich endlich Dingen nachgehen, für die ich als Professor der Universität XY weder Zeit noch die Freiheit hatte, ohne meinen Ruf als Wissenschaftler zu gefährden. So war ich auch ein altgedienter Rutengänger, der seiner Leidenschaft nur unter Wahrung der Diskretion nachging. Dies änderte sich mit der Pensionierung. Unter anderem interessieren mich alte Bauten, Ruinen, verschollene und überwucherte Kult- und sakrale Plätze. Ich sehe mich nicht als Hobbyarchäologen, sondern als Lotsen, der den Fachleuten sagt, wo sie graben sollen. Hin und wieder helfe ich bei der Suche nach verschollenen Personen, wo ich dann Tipps gebe, wo man suchen sollte.*

Als Rutengänger streift man den ganzen Tag durch Kirchen, Klöster, Wälder und über Bergkuppen. Bei schlechtem Wetter arbeitet man mithilfe der Teleradiästhesie, an die niemand glaubt, außer denen, die mit eigenen Augen gesehen haben, dass sie wirklich funktioniert.

Eines Tages fragten meine Frau und ich uns, »just for fun«, ob die »Ancient Aliens« charakteristische Schwingungen haben, anhand derer man sie wie bei einem Fingerabdruck identifizie-

ren könnte. Also habe ich einige Abbildungen von prähistorischen Astronauten und deren Skulpturen mittels der Teleradiästhesie untersucht. Dabei tat sich Neuland auf. Zumindest stieß ich auf niemanden, der so etwas schon gemacht hätte. Zu meiner großen Überraschung fand ich in allen Fällen ein konstantes Muster von Schwingungen. Als Nächstes untersuchte ich unbekannte Objekte beziehungsweise deren Abbildungen. Dann habe ich die Methode durch Blindversuche und Doppelblindversuche überprüft. Heute traue ich mir zu, echte von falschen »Ancient Aliens« anhand von Fotos zu unterscheiden.

Hier kommen Sie, Herr von Däniken, ins Spiel. Gemeinsam mit meiner Frau haben wir aus Ihren Büchern Abbildungen von Göttern herausgesucht und deren Schwingungen geprüft. Die Ergebnisse sind in den nachfolgenden Tabellen zusammengefasst:

Aus dem Buch Meine Welt in Bildern*:*

- *Abbildungen 294–300, Nazca, Peru: alle negativ.*
- *Abbildung 301, breite »Landebahn«: maximal positiv.*
- *Abbildungen 304–309, Nazca-Linien: alle massiv positiv.*

Aus dem Buch Grüße aus der Steinzeit*:*

- *Abbildungen 118–125: alle negativ.*
- *Abbildung 142, Kreise: beide Kreise eindeutig positiv. Der kleine Kreis ist zusätzlich eine Zeitnische.*
- *Abbildung 145, »Schachbrettmuster«: positiv. Das Ganze scheint eine geomantische Anlage gewesen zu sein.*

Aus dem Buch Die Spuren der Außerirdischen*:*

- *Seite 122–124, Nazca: alle negativ.*
- *Seite 155–206, verschiedene Skulpturen: alle sehr positiv.*
- *Seite 198 und 199, El-Baul-Skulptur: positiv.*
- *Seite 117–223, sumerische Rollsiegel: alle positiv.*

Zusammenfassend bestätige ich aus der Sicht der Radiästhesie Ihre These. Bei den Linien von Nazca strahlen nur die breiten Bahnen Energien ab. Dagegen lassen sich bei den Scharrzeichnungen und schmalen Linien keinerlei Energien nachweisen. Eine Überraschung hielt die Figur des Ganesha bereit. Die Figur schwingt nicht mit den üblichen Energien, sondern mit einer fremden Schwingung (Insekt-Alien?).

Wenn Sie wünschen, kann ich Ihnen die Teleradiästhesie gern in natura vorführen. Sie können mich auch nach Belieben mit echten und falschen Bildern testen. Mit herzlichen Grüßen.

22. Mai 2016

Verehrter Herr von Däniken,

ich war Prähistoriker, arbeitete für die Universität XY und durfte so manchen Studenten auf die Faszination der Archäologie hinweisen. Dabei ging ich mit Ihren Deutungen meist nicht konform, habe mich auch darüber geärgert und dies die Studierenden wissen lassen. Heute – als Pensionär – lächle ich darüber. Nennen Sie es Altersmilde. Übrig bleibt doch, dass es Menschen wie Sie sind, die uns Fachleuten Ansporn geben, über die alten Bauwerke und ihre Entstehung zu reden und manchmal auch zu neuen Meinungen zu kommen. Dies wollte ich Ihnen als ehemaliger Archäologe noch mitgeben – bevor ich in »die ewigen Jagdgründe« steige.

Antworten

Sämtliche Leserbriefe beziehen sich auf meine Bücher. Worauf sonst? Dementsprechend sind alle hier angeschnittenen Themen irgendwo in meinen Büchern bereits behandelt worden. Soll ich jetzt antworten: Liebe(r) Briefschreiber(in), bitte lesen Sie in meinen folgenden sechs Buchtiteln die Seiten 5–10, 16–23, 47–49, 100–111, 145–163 und 195–206? Ein derartiges Vorgehen ist nicht zumutbar und auch praktisch nicht durchzuführen. Vermutlich hat der/die Leser(in) die betreffenden Bücher nicht mehr oder besaß sie nie, weil sie aus der Bibliothek stammten. So ist es an mir, die Dinge zusammenzustellen. Ich beginne mit den einfachsten Fragen.

Stammen die technischen Verarbeitungen an alten Bauwerken aus *unserer* Zeit? Waren es Archäologen und Grabräuber, die mit *heutigen* Werkzeugen Dinge zurechtschnitten?

An mehreren antiken Stätten Ägyptens lassen sich Kernbohrungen belegen. Die hier gezeigten Beispiele fotografierte ich in Abusir. [Bild 16 und 17] Sie stammen aus der 4. Dynastie und sind damit – von heute zurückgerechnet – gut 4000 Jahre alt. Entdeckt und erstmals beschrieben wurden sie vor rund 130 Jahren vom britischen Archäologen Sir Flinders Petrie (1853–1942). In unserer Zeit wurde das Verfahren für Kernbohrungen erst im Jahre 1876 vom deutschen Ingenieur Alfred Brandt entdeckt, der es auch gleich patentieren ließ. Was ist eine Kernbohrung? Beim Drücken eines Gewindes – Beispiel Korkenzieher – in die Wand bröselt das Bohrgut auf den Boden. Bei der Kernbohrung hingegen ist der Bohrkern hohl wie eine Röhre. Der in das Bohrgut eindringende Röhrenrand

Bild 16

Bild 17

ist mit Diamantsplittern besetzt. Durch Druck und Drehung wird das Rohr in das Bohrgut gedreht, und dieses bröselt nicht mehr heraus wie bei einem normalen Gewinde, sondern schiebt sich wie eine Wurst langsam in den Bohrer hinein. Mit den Kernbohrungen an antiken Ruinen ist bewiesen, dass »den Alten« Techniken zur Verfügung standen, die in unserer Zeit erst wieder neu entdeckt wurden.

In Tiahuanaco und Pumapunku im Hochland von Bolivien liegen blitzsauber geschnittene Andesitblöcke herum, die schier unfassbare technische Verarbeitungen aufweisen. Dabei geht es nicht um eine erstaunliche Politur oder sauber abgeschnittene Kanten, sondern eindeutig um eine Hochtechnologie. Also alles aus unserer Zeit?

Bereits im Jahre 1549 besuchte der spanische Chronist Pedro de Cieza de León (1520–1554) die Ruinenstätte. Er schrieb:

»Tiahuanaco ist ein großes Dorf, aber es ist bekannt durch die großen Bauwerke, die dort stehen … Die Steinplatten sind derartig gewaltig, dass wir nicht verstehen, wie menschliche Kräfte sie bewegt haben sollen. Darunter Steinplatten mit Türschwellen aus einem einzigen Block …, wir verstehen nicht, mit welchen Werkzeugen diese Leistungen vollbracht worden sind … Es wurde mir versichert, diese Gebäude seien schon da gewesen, bevor die Inkas herrschten … In Anwesenheit von Juan Vargas fragte ich die Eingeborenen, ob diese Gebäude zur Zeit der Inkas hergestellt worden seien. Sie lachten mich aus und antworteten, die Gebäude seien längst da gewesen, bevor die Inkas zu herrschen begannen. Das wüssten sie ganz bestimmt von ihren Vorfahren. Die Bauwerke seien in einer einzigen Nacht hergestellt worden von Wesen, von denen sie nicht wüssten, woher sie kamen. Und der Ruhm dieser Dinge möge durch das Universum erhalten bleiben.« (Im Original: »… y hacen que vuela la fama de las cosas que suceden por el universo …« – »Niemand hat den unheimlichen Ort je anders als in Ruinen gesehen …«) [33, 34]

Auch Inca Garcilaso de la Vega (1539–1616) stand vor über 400 Jahren vor diesen Trümmern. In *Primera Parte de los Comentarios Reales*, Band I, Kapitel 23, berichtete er über den unheimlichen Ort:

»Ich bestaunte auch eine große Mauer, zusammengesetzt aus derartig gewaltigen Steinen, dass wir uns nicht vorstellen konnten, welche menschlichen Kräfte etwas Derartiges vollbracht haben … Die Eingeborenen behaupteten, diese Bauwerke seien schon vor den Inkas da gewesen. Sie wissen nicht, wer die Baumeister waren, aber von ihren Vorfahren wissen sie ganz bestimmt, dass alle diese Wunder in einer einzigen Nacht entstanden seien …« [35]

Und Juan de Betanzos (1510–1576), ein anderer spanischer Chronist jener Zeit, will sogar wissen, der Schöpfer Con Tici Viracocha habe »noch in der Nacht des Menschen Tiahuanaco persönlich gebaut«. [36]

Ich hätte keine Mühe, zwanzig Zeugen aus der Zeit der ersten Besucher des Hochlandes der Anden zu zitieren, die alle zum selben Resultat gelangten. Wer vor über 400 Jahren vor den Trümmern von Tiahuanaco und dem angrenzenden Pumapunku stand, fühlte sich von den gewaltigen Bauten erschlagen. Heute würde man sagen: überfordert. 100 Jahre nach den ersten Besuchern brachte es Luis Antonio de Castro y

Castillo (gestorben 1653), der als Bischof von La Paz agierte, auf den Punkt:

»Obwohl man früher annahm, dass die Ruinen das Werk der Inkas seien, hat man jetzt erkannt, dass sie im Gegenteil ein Werk von vor der Sintflut sind. Wäre es nämlich ein Werk der Inkas, so hätten nicht einmal die Spanier ein derart wunderbares Gebäude von solcher Wucht herstellen können.« [37]

Und nur zur Ergänzung schrieb der spanische Chronist und Priester Miguel Balboa (1535–1608), der sich 1566 in Cuzco niederließ, selbst der Inka Huayna Cápac habe die Ruinen »mit größtem Erstaunen betrachtet«. [38]

Sowohl Pumapunku als auch Tiahuanaco verschlagen einem heute noch die Sprache. Da liegen mächtige Brocken aus Andesit und Diorit, dem graugrünen Tiefengestein von enormer Härte, in der Gegend herum. Die Monolithen sind mit einer Präzision bearbeitet, geschliffen und poliert, als wären sie aus einem Werk, das mit modernen Maschinen, Stahlfräsern und Bohrern ausgerüstet ist, angeliefert worden. **[Bild 18 und 19]** Haarscharfe Rillen von 6 Millimetern Breite und 8 Millimetern Tiefe wurden im rechten Winkel herausgefräst.

Eine Arbeit, die mit Steinfäustlingen nicht hinzubekommen ist. Weshalb nicht? Jeder Steinzeitmeißel war hinten dick und vorne schmal. Die Steinmetze mussten mit einem Hammer auf das breite Ende des Meißels schlagen – seine Spitze wies auf den Steinblock, in dem die Rille entstehen sollte. Mit einem spitz zulaufenden Werkzeug ist jedoch eine perfekte rechteckige Rille nicht machbar, weil die oberen Ränder der Rille durch die nach hinten immer breiter werdende Meißelspitze ebenfalls immer

Bild 18

Bild 19

breiter würden. Das Ganze funktioniert nur mittels einer Fräsung oder mithilfe eines Verfahrens der Gusstechnologie.

Es ist schon erstaunlich: Da erklären vier spanische Eroberer, allesamt damalige Augenzeugen, selbst die Inkas und ihr Herrscher hätten ihnen bestätigt, diese Bauwerke *nicht* erstellt zu haben. Sie wären vielmehr *schon vor ihrer Zeit* da gewesen. Errichtet von Wesen »*in einer einzigen Nacht*«.

Und wir heutigen Schlaumeier behaupten immer noch selbstsicher, früher habe es nur (primitive) Steinzeitmenschen gegeben. Das passt nicht zusammen. Die Bilder beweisen es.

Es wird noch verwirrender: Die Ingenieure von Pumapunku haben diverse Werkstücke mit Aussparungen, Kanten und Rillen versehen. Dies deshalb, weil die Blöcke millimetergenau in ihre Gegenstücke passen mussten. Der Betrachter möge sich Zeit nehmen, den Block in **Bild 20** zu betrachten. Er ist recht-

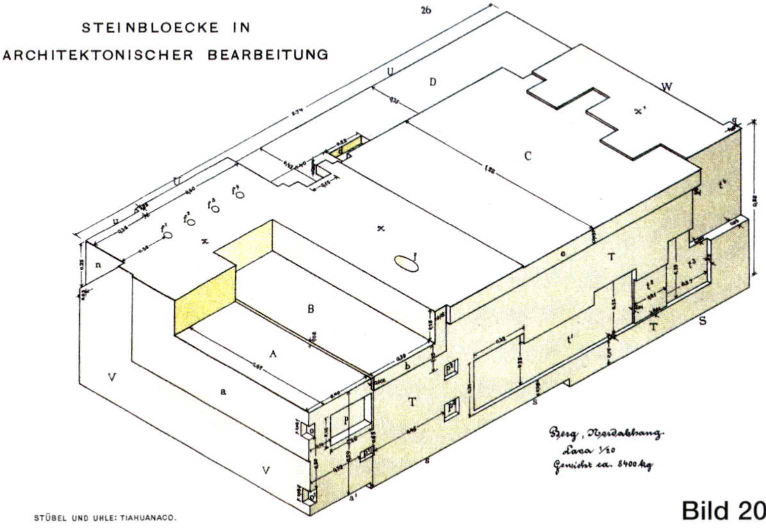

Bild 20

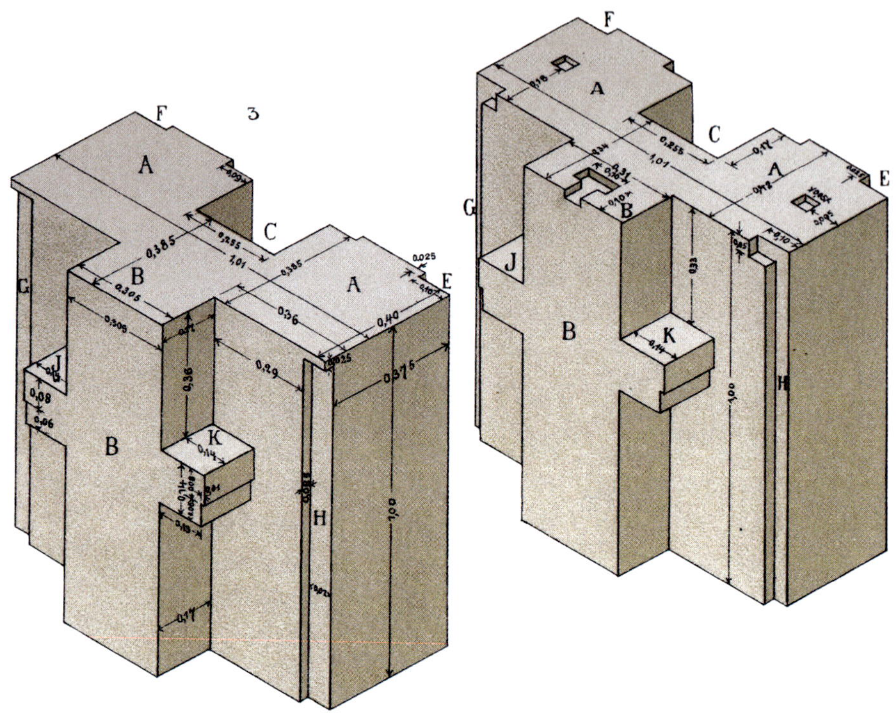

eckig, 2,74 Meter lang und 1,57 Meter breit. Man erkennt drei Hauptflächen: die obere, die vordere und die seitliche. Auf diesen drei Flächen liegen mehrere Aussparungen, die eine rechteckige und quadratische Form aufweisen. Auf der Vorderseite – im Bild rechts – befinden sich mehrere Quadrate und Rechtecke. Man versuche einmal, diese Aussparungen mit einem Meißel aus der Steinzeit herauszubrechen, irgendwie zu feilen oder zu hämmern. Keine Chance. Die im Bild sichtbaren präzisen Kanten würden immer abgeschlagen werden. Auf der Oberfläche des Blocks liegen drei rechteckige Aussparungen nebeneinander. Im hinteren Teil des mittleren Rechtecks sieht man eine kleine rechteckige Nische. Diese ist nicht hinzubekommen mit einem Steinzeitwerkzeug.

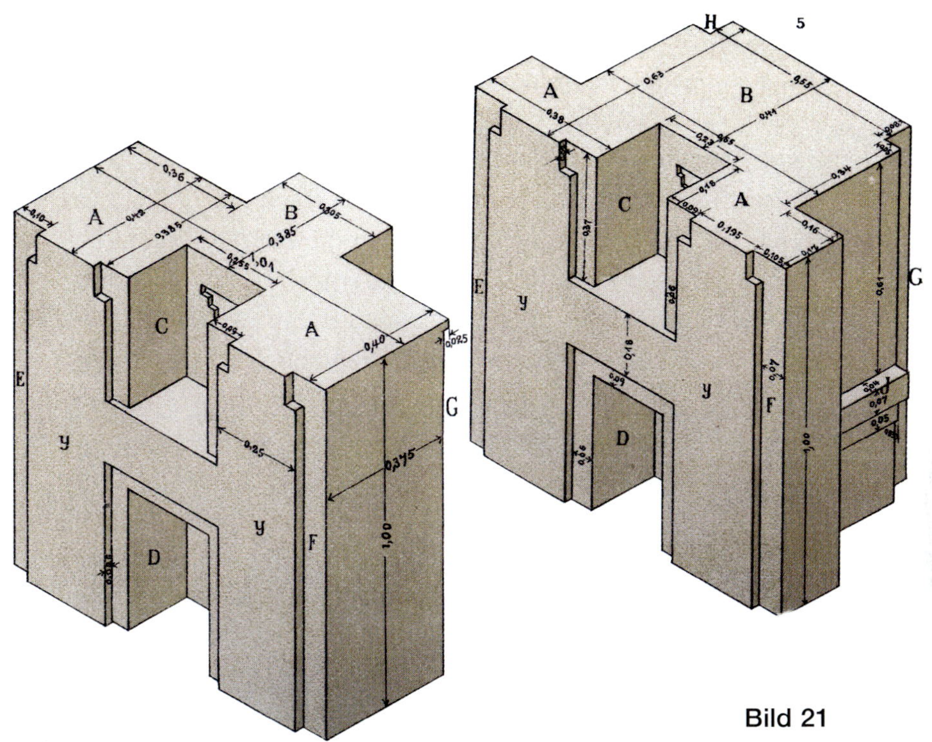

Bild 21

Und alle Quadrate beziehungsweise Rechtecke dienten dazu – ich muss es nochmals betonen –, um in ein Gegenstück zu passen. Nahtlos – sonst würden die Blöcke aufeinander »eiern«. Das Gesamtgewicht dieses Blockes beträgt übrigens rund 8500 Kilogramm.

Bild 21 zeigt vier Dioritblöcke – wobei jedes dieser Werkstücke eine Meisterleistung ist. Es handelt sich um vorfabrizierte Elemente, die sich zur Hälfte ineinanderschieben lassen. Vergleichbar bestimmten heutigen Lego-Bausteinen. Die millimetergenaue Vermessung an den Aussparungen wie auch die präzise Detailarbeit beweisen die ingenieurmäßige Planung *vor* Arbeitsbeginn.

Auf welchem Material sollen diese Berechnungen erfolgt sein? Auf Koka- oder Maisblättern? Auf Fellen? Im Sand? Auf Felsplatten mittels Steinritzungen? Aufs Geratewohl loszuhämmern ist in Bezug auf diese Präzisionsarbeit keine Option. Ein einziger falscher Schlag – und das Werkstück wäre futsch gewesen. Welche Ingenieurschule sollen die Planer besucht haben? Woher stammen ihre vermessungstechnischen Hilfsmittel? Woher das Wissen um den Härtegrad der unterschiedlichen Werkstücke? Aus welcher Werkstatt kamen die Schablonen? Wer baute – in der Steinzeit – die Kranvorrichtung? Und was sollte das Ganze überhaupt sein? Mit Sicherheit etwas Gewaltiges – die Blöcke beweisen es.

Heutzutage würden derartige Arbeiten mithilfe von Fräsen mit hoher Rotationsgeschwindigkeit bewerkstelligt werden. Die ausführenden Werkzeuge an den Maschinen würden über Stahlschablonen geführt. Und logischerweise müssen die Werkzeuge härter sein als die zu bearbeitenden Werkstücke. Im Falle der peruanischen Hinterlassenschaften geht es aber um das unglaublich harte Tiefengestein Diorit. Härter als dieses sind nur noch spezielle Stahllegierungen, die oft mit Diamantspitzen versehen werden. Die Hebe- oder Kranvorrichtungen mussten die fertigen Einzelteile drehen und ineinander einrasten lassen. Und dies mit einer Präzision, die selbst die kleinste Absplitterung irgendeiner Kante verhinderte. Bauelemente unserer Zeit sind im Vergleich zu der bei Pumapunku angewandten Technik deutlich primitiver. Jede Vorstellung von Steinzeittechnik versagt hier restlos. Es ging definitiv um Hochtechnologie. Also doch nur Werkstücke aus unserer Zeit? Herausgeschnitten von Archäologen oder Grabräubern?

Sämtliche hier gezeigten Werkstücke mitsamt den eingetragenen Buchstaben und Millimeterangaben entnahm ich dem von Max Uhle und Alphons Stübel verfassten Buch *Die Ruinenstätte von Tiahuanaco im Hochlande des alten Peru. Eine kulturgeschichtliche Studie auf Grund selbstaendiger Aufnahmen.* [39] Uhle galt als Vater der peruanischen Archäologie. Stübel war Geologe. Beide arbeiteten gemeinsam anderthalb Jahre im Hochland von Bolivien. Ihr Werk erschien im Jahre 1892. Mit diesem Datum ist jedes Gerede über eine moderne Fälschung vom Tisch. Das, was Uhle und Stübel vorfanden und dokumentierten, ist Jahrtausende alt und stammt von einer Kultur, von der unsere Evolutionstheoretiker keine Ahnung haben.

Es wird aber noch toller. Um das Folgende besser verstehen zu können, muss ich zunächst einen kleinen Umweg über Ägypten machen. Im Jahre 1987 behauptete Prof. Dr. Joseph Davidovits, damals Direktor des von ihm gegründeten Instituts für angewandte archäologische Wissenschaft an der Barry-Universität von Miami, USA, die Ägypter hätten ihre schwergewichtigen Blöcke nicht aus den Steinbrüchen geschlagen, sondern wie Beton gegossen. Wie kam der Gelehrte dazu? Bereits im Frühjahr 1889 hatte der Ägyptologe C. E. Wilbour auf der kleinen Nilinsel Sehel, die nördlich von Assuan liegt, eine mit Hieroglyphen versehene Stele gefunden. Die insgesamt 2600 Schriftzeichen beschreiben die Herstellung von künstlichen Steinen. [40]

Auf den Kolonnen 6–18 dieser Stele werden die Zutaten aufgelistet, die zur Herstellung von künstlichen Steinen benötigt werden. Sogar die geografischen Punkte im Gelände werden angegeben, wo man diese Zutaten findet. Es geht um Natron (Natriumkarbonat) und Ton (Aluminiumsilikat) sowie einen

Brei aus zusätzlichen Silikaten und Nilschlamm. Durch weitere Zusätze in Form von arsenhaltigen Mineralien und Sand entstand schließlich ein schnell trocknender Zement, der dieselben Eigenschaften aufweist wie Naturstein – oder moderner Beton. Beim 2. Internationalen Ägyptologenkongress, der 1979 in Grenoble, Frankreich, abgehalten wurde, berichtete der Chemiker Dr. D. Klemm den verdutzten Archäologen über seine Untersuchungen an Pyramidenquadern. [41] Dr. Klemm und seine wissenschaftlichen Mitarbeiter hatten insgesamt zwanzig verschiedene Gesteinsproben, die von der Cheopspyramide stammten, analysiert und dabei festgestellt, dass jeder Stein aus einer anderen Gegend Ägyptens stammen musste. Die untersuchten Steine enthielten nämlich Materialbestandteile aus allen Landesgegenden. Auch ein zweiter Aspekt sorgte für Aufsehen: Ein natürlicher Gesteinsblock ist im Allgemeinen, was seine Dichte angeht, homogen. Die von Dr. Klemm untersuchten Steine wiesen hingegen in ihrem unteren Bereich eine höhere Dichte auf als im oberen. Sie enthielten zudem viele Luftbläschen.

Professor Joseph Davidovits lieferte darüber hinaus zwei zusätzliche Beweise für die Herstellung von Beton im Alten Ägypten und seine Verwendung in den Pyramiden. [42] Das Standford Research Institute, Kalifornien, hatte gemeinsam mit der Ain-Schams-Universität von Kairo elektromagnetische Messungen in der Umgebung der Großen Pyramide durchgeführt. Man jagte hochfrequente Wellen durch das Gestein, die von trockenen Monolithen nicht vollständig reflektiert werden. Eigentlich war man sicher, durch derartige Messungen bisher unbekannte Gänge und Kammern im Boden zu entdecken. Doch entgegen jeder Erwartung waren die Messresultate chaotischer Natur. Die Hochfrequenzwellen wurden vom Gestein vollständig absorbiert. Weshalb? Die Pyramidenblöcke enthielten viel mehr Feuchtigkeit als natürliches Gestein. Computerberechnungen ergaben allein in der Chephrenpyramide einen Wassergehalt von über einer Million Litern. Dazu Professor Davidovits: »Die Blöcke sind künstlich.«

Der zweite Beweis könnte aus einem Krimi von Agatha Christie stammen. Als Professor Davidovits Gesteinsproben der Cheopspyramide unter dem Mikroskop untersuchte, entdeckte er in einer von ihnen ein 21 Zentimeter langes menschliches Haar. [43] Wie kam das Haar in das Gestein? Die einzige Erklärung: Es muss wohl einem altägyptischen Betonmischer ausgefallen sein …

Was hat aber nun die Reise nach Ägypten mit den Ruinen im Hochland von Bolivien zu tun? Die Beantwortung der Frage zieht eine Sensation nach sich. Derselbe Prof. Dr. Davidovits entdeckte inzwischen eindeutig organisches Material in den bis zu 180 Tonnen schweren Blöcken von Pumapunku. Die Resultate der Studien von Professor Davidovits und seines Teams wurden zwischenzeitlich auf der *Wikipedia*-Website publiziert. [44]

Jetzt wird klar, weshalb die Inkas vor rund 400 Jahren ihren spanischen Gästen sagten, die gewaltigen Blöcke stammten nicht von ihnen. Die seien schon da gewesen, als sie selbst ins Hochland kamen. Und sie seien »in einer einzigen Nacht« entstanden. Beton lässt sich in einer einzigen Nacht gießen. Mit diesem Wissen ausgerüstet, versteht man auch, wie die präzisen Aussparungen – die Quadrate, Rechtecke, Nuten – in den Gesteinsblöcken gefertigt wurden. Alles wurde gegossen – was sonst? Andere Fragen bleiben dennoch offen: WER waren die Erbauer von Pumapunka, und WOZU dienten die Plattformen?

Als Nächstes geht es um die Gesteinsverglasungen, auf die mehrere Briefschreiber hinwiesen. Derartige Verglasungen existieren tatsächlich, und kein Fachmann kann sich einen Reim darauf machen. Seit Jahren schon tauchen in der südwestlichen Sahara immer wieder kuriose Funde aus gelbgrünlichem Glas auf. Man nennt sie »Libysches Wüstenglas«. Im Juli 1999 schrieb das britische Wissenschaftsmagazin *New Scientist*, bislang seien bis zu 1000 Tonnen des mysteriösen Zeugs aufgetaucht. Der größte Brocken darunter wog satte 26 Kilogramm. Anfänglich vermutete man, das Material müsse von einem Meteoriten stammen. Doch weit und breit war keine Spur von Meteoritengestein, geschweige denn die eines Kraters zu finden. Auch die heißen Gase eines hypothetischen Himmelskörpers, der möglicherweise das Gebiet gestreift haben könnte, ohne auf der Erde einzuschlagen, lösten das Rätsel nicht. Dazu hätten die Fundorte des Wüstenglases mehr oder weniger auf einer Linie – der Flugbahn – liegen müssen. Das taten sie aber nicht. Die Fundorte lagen in einem von Ost nach West ausgerichteten Oval, das eine Fläche von 130 mal 53 Kilometern im Sandmeer der Libyschen Wüste bedeckte. Das seltsame Glas besteht zu 97 Prozent aus Silizium und sieht aus wie ein gelbgrüner Edelstein. Bereits in den 1950er-Jahren schrieb Kenneth P. Oakley in einer Analyse in der wissenschaftlichen Zeitschrift *Nature* darüber: »Es ist leichter anzunehmen, dass das Zeug vom Himmel gefallen ist.« [45]

Gesteinsverglasungen wurden auch in den Ruinen von Mohenjo-Daro gefunden. Der Ort liegt in der Provinz Sindh im

Süden Pakistans und existierte gleichzeitig mit der Hochkultur in Ägypten. Die ältesten Bauwerke Mohenjo-Daros, das seit 1980 zum Weltkulturerbe der UNESCO zählt, werden mit 2800 vor Christus datiert. Mohenjo-Daro war eine Stadt mit rechteckigen Gebäuden und schnurgeraden Straßen. Es gab öffentliche Gebäude und beheizte Bäder mitsamt Abwasserkanälen. Die Stadt muss mehrmals Zerstörungen ausgesetzt gewesen sein. Bei der letzten ist ganz offensichtlich eine derartige Hitze freigesetzt worden, dass Mauerstücke verglasten.

Der russische Forscher A. Gorbovsky entdeckte Gesteinsverglasungen auf der Halbinsel Dekhan im südlichen Indien. Dort sind die Oberflächen ganzer Felder mit einer glasartigen Substanz überzogen. Ähnliches gilt für die westarabische Wüste. Dort liegen die sogenannten »Harras-Gebiete«. Auf einer Fläche von 10 000 Quadratkilometern gibt es achtundzwanzig davon, und auf allen liegen verbrannte, zum Teil verglaste schwarze Gesteinsbrocken.

Auf der gegenüberliegenden Seite der Erdkugel, im Death Valley in Kalifornien, tauchten ebenfalls Gesteinsverglasungen auf. »An mehreren Orten der Region zwischen den Flüssen Gila und San Juan sind Überreste von Schmelzspuren entdeckt worden. Gebäude und Gegenstände müssen einst einer Temperatur ausgesetzt gewesen sein, die groß genug war, um Felsen zu verflüssigen. Man hat den Eindruck, eine riesige Feuerwalze sei über das Gebiet hinweggerollt.« Dies schrieb Viktor Farkas (1945–2011), ein sehr gründlich arbeitender österreichischer Journalist in der Zeitschrift *Sagenhafte Zeiten*. [46] Dort berichtete er auch über einen Turm in den Ruinen der alten Stadt Babylon, 90 Kilometer südlich von Bagdad gelegen, der aussieht, »als wäre er von einem Flammenschwert geteilt worden. Viele Gebäudeteile sind in Glas verwandelt, manche vollständig geschmolzen. Die Ruine wirkt wie ein verbrannter Berg.«

Auch in Europa existiert das Phänomen von verglasten Mauern. So am Hügel Tap o' Noth im schottischen Aberdeenshire im Hinterland der Stadt Aberdeen. Die Spitze der Anhöhe umfasst die Größe eines Fußballfeldes und weist an mehreren Stellen zusammengeschmolzene Felspartien auf.

Weitere Verglasungen existieren in der chinesischen Wüste von Lop Nor sowie im Südosten der Wüste Gobi. Außerdem im Hochland von Kaschmir bei den Ruinen von Parhaspur. Für Touristen sind derartige Felsverglasungen auch oberhalb der Stadt Cuzco in Peru zu bestaunen. Dort, auf dem Plateau, auf dem die berühmte Inkamauer von Sacsayhuamán steht, liegen bearbeitete Gesteinsungetüme, an denen sich Felsverglasungen leicht erkennen lassen – alle an der obersten Fläche der Felsen befindlich. Die Einheimischen nennen die Felsen »Kenko Grande«. Dr. Friedrich Bude, ein Spezialist für thermodynamische Prozesse, der diese Verglasungen vor Ort untersuchte, schrieb mir, es müssten Temperaturen von bis zu 15 000 Grad Celsius frei geworden sein. [47]

Wie entstanden diese Verglasungen? Eine natürliche Hitze, etwa durch eine extreme Sonneneinstrahlung, entfällt. Dann müssten ganze Gebiete verglast sein und nicht nur vereinzelte Areale, Felsen oder Mauern. Ich behandelte das Thema in meinem Buch *Neue Erkenntnisse* [48] und kam zu dem Schluss, es müsste sich um eine absichtlich freigesetzte, gezielte Hitze gehandelt haben. Jene ehemaligen »Götter«, die einst die Erde besuchten, stritten untereinander. Es kam zu Kämpfen, bei denen auch Atomwaffen eingesetzt wurden. Darüber wird insbesondere in den altindischen Texten berichtet. Auch Städte der Menschen wurden vernichtet. Ich erinnere an die in der *Bibel* beschriebene Zerstörung von Sodom und Gomorra. Nachzulesen im ersten Buch Moses, Kapitel 19, Vers 24 ff.:

»Der Herr aber ließ Schwefel und Feuer auf Sodom und Gomorra regnen vom Himmel herab, und vernichtete so die Städte und den ganzen Umkreis und alle Bewohner der Städte und was auf dem Lande gewachsen war … Am andern Morgen in der Frühe machte sich Abraham auf an den Ort, wo er vor dem Herrn gestanden hatte, und er schaute hinab auf Sodom und Gomorra und auf das ganze umliegende Land. Da sah er den Qualm aufsteigen von dem Lande wie Qualm von einem Schmelzofen.«

Bei dieser Vernichtung ging es eindeutig nicht um einen Vulkanausbruch, nicht um die Explosion eines imaginären Hochofens (»… wie der Qualm von einem Schmelzofen«), nicht um einen Wüstensturm, nicht um apokalyptische Visionen oder um Träume eines fantasiebegabten Zeitgenossen, sondern klipp und klar um eine gezielte Zerstörung aus dem Weltall. Daran ist nichts zu deuteln, denn vor der Zerstörung der beiden Städte hatten zwei »Abgesandte des Herrn« – sogenannte Engel – die Familie Lot aufgefordert, die Städte dringend und sofort zu verlassen, weil »der Herr« sie gleich vernichten würde.

Gesteinsverglasungen – ja, die existieren nachweisbar. Sie stammen von fürchterlichen Waffen, die die Außerirdischen gegeneinander und oft auch gegen Verbündete auf der Erde eingesetzt haben. Zwei Leser fragten nach der Strahlung. Sie wollten wissen, ob Untersuchungen durchgeführt wurden und

Bild 22

Bild 23

die Nachkommen jener Menschen vielleicht heute noch an speziellen Krankheiten oder Missbildungen leiden.

Ich weiß es nicht. Persönlich stellte ich im Hochland von Kaschmir bei den Ruinen der Stadt Parhaspur eine erhöhte Radioaktivität fest. Dort kann man auch nicht mehr von Ruinen im üblichen Sinne reden. Es existieren keine Gebäude, keine Straßen mehr. Im gesamten Umfeld blieben nur noch wenige Steine aufeinander. Die Bilder beweisen es. [**Bild 22 und 23**]

Ein unsterbliches Thema, auf das ich in Tausenden (!) von Zuschriften angesprochen wurde, ist die Cheopspyramide in Ägypten. Die meisten Brief- oder E-Mail-Schreiber wollten wissen, wie denn das Bauwerk tatsächlich entstanden sei. Andere – vorwiegend Ingenieure – lieferten Vorschläge, wie es gemacht worden sein soll. Ich kann nicht beurteilen, was stimmt. Ich weiß nicht, welche durchaus praktikable Variante vor Jahrtausenden tatsächlich zur Anwendung kam. Aber etwas habe ich im Laufe meiner jahrzehntelangen Recherchen definitiv herausgefunden: Der Pharao Cheops, dem die gesamte Ägyptologie den Bau der Pyramide zuschreibt, kann nicht ihr Initiator gewesen sein. Diese Überzeugung vertrat ich in mehreren Büchern, ausführlich in *Die Augen der Sphinx*. [49] Hier die Zusammenfassung:

Der Pharao Cheops gehörte zur 4. Dynastie. Diese 4. Dynastie des Alten Reiches umfasste zufälligerweise auch nur vier Herren, und dieses Quartett soll über 12 Millionen Blöcke verarbeitet haben. Diese kamen nach Meinung der Ägyptologen beim Bau der Pyramiden von Snofru (2575–2551 v. Chr), Cheops (2551–2528 v. Chr.), Radjedef (2528–2520 v. Chr.) und Chephren (2520–2495 v. Chr.) zum Einsatz. Die glorreichen

Vier herrschten insgesamt 80 Jahre, und in dieser kurzen Zeitspanne wurden – so will es die Lehrmeinung – 12 066 000 Steinblöcke aus dem Fels gehauen, geschliffen, poliert, gemessen, transportiert, hochgehievt und an der richtigen Stelle im jeweiligen Bauwerk eingefügt. Bei diesen 12 Millionen Blöcken sind die Arbeitsleistungen für Aushub- und Planierarbeiten, die Herstellung und Reparatur von Werkzeugen, die unsagbar aufwendigen Rampen und Gerüste nicht berücksichtigt. Ich habe es nachrechnen lassen: 12 066 000 Blöcke geteilt durch 80 Jahre, das Jahr zu 300 Tagen gerechnet. Weshalb? Weil es selbst im Alten Ägypten Feiertage für die Götter gab, an denen kein Hammerschlag erklang. Doch immerhin rechnete ich den Arbeitstag zu 12 Stunden. Eine satte Leistung. Das Resultat: 41,6 Blöcke pro Stunde! Das Ganze klingt derart realitätswidrig, dass man sich fragen muss, ob die Fachleute eigentlich noch klar im Kopf sind. Ist das vorstellbar: ganz Unterägypten eine einzige Baustelle?! Vom Materialaufwand und der Verpflegung der Menschenmassen nicht zu reden. Das Absurdeste dabei: Weder das Team der Designer und Architekten noch ein Bauführer geschweige denn ein Priester oder gar Pharao verlor auch nur ein Sterbenswörtchen über die Bauarbeiten. Dazu die Ägyptologin Dr. Eva Eggebrecht: »Das zeitgenössische Schweigen um den Pyramidenbau wird geradezu unverständlich, wenn man sich vergegenwärtigt, dass die Nekropolen ja keine totenstillen Städte der Heimlichkeit waren … Opfer wurden dargebracht, Priester gingen ein und aus …, keiner von ihnen hat eine Notiz hinterlassen, mit der auch nur eine Frage des Pyramidenbaues beantwortet werden könnte.« [50]

Aber vor Jahrtausenden lebten doch Historiker – blitzgescheite Männer standen damals schon vor den Pyramiden. Was sagten die zum Bau dieser Monumente?

Diodor von Sizilien (1. Jahrhundert v. Chr), immerhin der Autor eines 40-bändigen Geschichtswerkes, behauptet:

»Der achte König war Chemmis aus Memphis. Dieser regierte 50 Jahre und erbaute die größte der drei Pyramiden, die zu den Sieben Weltwundern gerechnet werden ..., sie besteht ganz und gar aus hartem Gestein, das gar sehr schwer zu bearbeiten, aber auch von ewiger Dauer ist ... Es wird erzählt, der Stein sei aus Arabien aus weiter Entfernung herbeigeführt worden ... Und was das Wunderbarste ist: Obgleich hier Werke von solcher Größe erbaut wurden und die umliegende Gegend nur aus Sand besteht, ist doch weder eine Spur von einem Damme noch vom Behauen der Steine übrig geblieben. Es macht den Eindruck, als sei das Werk nicht allmählich durch Menschenhände entstanden, sondern auf einmal wie von einem Gotte fertig in die Sandwüste hineingestellt worden ...« [51]

Auch der größte Spötter unter den antiken Historikern, Gaius Plinius Secundus (1. Jahrhundert n. Chr.), der zudem den Vorteil besaß, alle Werke seiner Vorgänger zu kennen, beschrieb die ägyptischen Pyramiden.

»Das Material zu den größten Pyramiden haben die Steinbrüche Arabiens geliefert, und ... alle drei (Pyramiden) sind in 78 Jahren und 4 Monaten fertig geworden. Folgende Autoren haben die Pyramiden beschrieben: Herodotus, Euhemerus, Duris von Samos, Aristagoras, Dionysus, Artemidorus, Alexander Polyhistor, Butoridas, Antisthenes, Demetrius, Demoteles und Apion. Keiner von ihnen weiß aber die eigentlichen Erbauer derselben anzugeben.« [52]

Unfassbar! Gaius kennt zwölf Werke über die Pyramiden und hält ausdrücklich fest, niemand wisse, wer die Bauwerke errichtet habe. Und das schon vor Jahrtausenden.

Aber – so versichern die Fachleute der Ägyptologie – es existieren doch eindeutige Beweise für die Bauherrschaft von Cheops. Das wird behauptet, stimmt aber nicht. Es lässt sich belegen, dass Cheops die Große Pyramide nicht errichten ließ. So wurde im Jahre 1850 in den Ruinen des Isis-Tempels unweit der Pyramide eine Stele gefunden, die heute im Ägyptischen Museum von Kairo zu besichtigen ist. Die Inschrift darauf besagt, Cheops habe das Haus der Isis, der Herrin der Pyramide, neben dem Haus der Sphinx gegründet. Wenn aber Isis als »Herrin der Pyramide« bezeichnet wird, dann stand die Große Pyramide bereits, als Cheops auf der Weltbühne erschien. Außerdem hätte selbst die Sphinx schon existiert, die nach Ansicht der Fachleute erst von Chephren, dem Nachfolger von Cheops, erbaut worden sein soll. Zudem schrieb der arabische Historiker Ahmed Al-Maqrizi (1364–1442) in seinem Werk *Hitat*, die Große Pyramide sei vor der Flut von einem König namens Saurid erbaut worden. [53] Wer war dieser Saurid? Das *Hitat* schreibt über ihn, er sei »Hermes gewesen, den die Araber Idris nennen«. Gott persönlich habe ihn nämlich in der Astronomie unterwiesen und ihm kundgetan, es werde eine Katastrophe über die Erde kommen, doch ein Rest der Welt würde übrig bleiben, in dem die Wissenschaften dringend nötig seien. Daraufhin habe Saurid alias Hermes alias Idris die Pyramide erbaut. Im 13. Kapitel des *Hitat* wird dies präzisiert:

»Der erste Hermes … ist der, den die Hebräer Henoch, den Sohn des Jared, des Sohnes Mahalalel, des Sohnes des Kenan, des Sohnes des Enos, des Sohnes Seths, des Sohnes Adams – über ihn sei Heil – nennen, und das ist Idris. Der las in den Sternen, dass die Sintflut kommen würde. Da ließ er die Pyramiden bauen und in ihnen Schätze, gelehrte Schriften und alles, worum er sich sorgte, dass es verloren gehen könnte, bergen, um die Dinge zu schützen und wohl zu bewahren.«

Der Schreiber des *Hitat* fantasiert nicht. Er zählt sämtliche Vorväter des Henoch bis zurück zu Adam auf. Dasselbe steht in der *Bibel.* Henoch ist der siebte Patriarch ab Adam – genau wie im *Hitat*. Doch nicht nur das *Hitat* nennt Henoch alias Hermes alias Saurid als Pyramidenbauer. Der arabische Forschungsreisende Ibn Battuta (14. Jahrhundert) versichert, Henoch habe die Pyramiden vor der Flut errichtet, »um in ihnen Bücher der Wissenschaften und der Erkenntnis und zudem wertvolle Gegenstände aufzubewahren«. [54] Dasselbe bestätigt Arabiens bedeutendster Enzyklopädist Al-Masudi (895–957). Die Große Pyramide sei vor der Flut von Idris gebaut worden. [55]

Es wird noch verwirrender: Laut der sumerischen Königsliste »WB444«, die auf einem gravierten Steinblock zu finden ist, der heute im Britischen Museum in London bestaunt werden kann, herrschten vor der Erschaffung der Welt bis zur Flut zehn Urkönige. Der siebte in dieser vorsintflutlichen Liste soll in der Sonnenstadt Sippar gelebt haben. Die Götter persönlich hätten ihn in die Kunst des Schreibens eingeweiht. Dieser Siebte ist gemäß dem ersten Buch Moses Henoch. Sein Ruhm war derart groß, dass der viel spätere babylonische König Nebukadnezar I. (um 1100 v. Chr.) seinen Stammbaum von eben diesem siebten vorsintflutlichen Henoch ableitete. Die Keilschriften, die in den vergangenen Jahrzehnten neu übersetzt wurden, ergaben dasselbe Resultat. Der siebte Herrscher »sei zum Himmel emporgestiegen«. Jetzt aber ist der »siebte Herrscher« gleich Henoch, und der wiederum hat ein Buch zurückgelassen: das Buch Henoch. Darin beschreibt er in der ersten Person, die »Wächter des Himmels« hätten ihn »in den Himmel« verfrachtet, ihn in ihrer Sprache unterwiesen sowie das Schreiben gelehrt. Dann hätten sie ihm wissenschaftliche Bücher diktiert und ihn über die kommende Flut informiert. Schließlich verließ er die Erde mitsamt seinen außerirdischen Lehrmeistern. Allerdings sagte er seinem Sohn Methusalah vorher noch, er würde nach langer, langer Zeit wieder auf die Erde zurückkehren. Derselbe Henoch alias Idris alias Saurid gab den Auftrag zum Bau der Großen Pyramide. Ein Typ namens Cheops existierte damals – vor der Flut! – noch lange nicht.

Trotzdem versichern die Ägyptologen, Cheops sei der Bauherr – von einem Henoch haben sie in diesem Zusammenhang weder gehört noch gelesen. Tatsächlich kommt dieser Cheops in mehreren Königlisten vor – doch mit keiner Glyphe wird erwähnt, er sei der Bauherr der grandiosen Pyramide gewesen. Weshalb wohl nicht? Weil die alten Ägypter selbst nicht wussten, wer die Pyramide erbaut hatte. Darüber hinaus beteuern die Fachleute, im Ägyptischen Museum liege eine kleine Holzfigur von Cheops. Stimmt wieder nicht. Zwar existiert die Figur, doch die Glyphe »Chufu«, die darauf steht, kann auch anders gelesen werden. Zudem vermeldet das Figürchen nirgendwo, *dieser* Cheops alias Chufu sei der Pyramidenbauer gewesen. Doch Halt!, reklamieren die Fachleute. Über der Königskammer in der Großen Pyramide existieren doch die sogenannten Entlastungskammern. Damit sind fünf übereinanderliegende Hohlräume oberhalb der Decke der Königskammer gemeint. Und in einem von ihnen, in der

»Campell-Kammer«, ist in roter Farbe das Wort »Chufu« aufgemalt. Ein klarer Beweis für Cheops? Leider wieder nicht. Der Fall erwies sich als Krimi mit einem egozentrischen Betrüger namens Howard Vyse. Der war Oberst, ein Dauernörgler und ein Enkel des Earl of Stafford. Colonel Richard William Howard Vyse (1784–1853) kam am 29. Dezember 1835 nach Ägypten. Seine Grabungslizenz hatte er vom britischen Konsul erhalten. Damals buddelte auch der italienische Kapitän Giovanni Battista Caviglia (1770–1845) auf dem Pyramidenplateau herum. Anfänglich taten sich der Brite Vyse und der Italiener Battista zusammen. Dann verkrachten sich die ungleichen Männer, und am 13. Februar 1837 kam es zum endgültigen Bruch. Oberst Vyse jagte den Italiener vom Grabungsfeld.

Schon 72 Jahre vor Howard Vyse hatte der englische Diplomat Nathaniel Davison (1736–1809) am Ende der Großen Gallerie ein Loch in der Decke identifiziert, in das er am 8. Juli 1765 hineinkroch. Er gelangte in einen Zwischenraum, der direkt über der Königskammer lag. Natürlich wusste Howard Vyse von dieser »Davison-Kammer«, er schrieb in sein Tagebuch, er vermute weitere Hohlräume darüber. Am 27. Januar 1837 vertraute er seinem Tagebuch gar an, er *müsse* etwas entdecken, bevor er nach England zurückkehre. Vyse und sein Ingenieur John S. Perring besorgten sich Schießpulver. Damit sprengten die Männer seitlich der Davison-Kammer einen Schacht in die Gesteinsschichten. Am 30. März, am 27. April sowie am 6. und 27. Mai 1837 entdeckten sie tatsächlich vier weitere Hohlräume über der Davison-Kammer. Man nannte sie der Reihe nach »Wellington-«, »Nelson-«, »Arbuthnot-« und »Campell-Kammer«. An der Decke der Letztgenannten entdeckte Vyse angeblich und nach eigener Aussage einige Kartuschen, die möglicherweise während der Bauzeit von irgendwem dorthin gepinselt worden waren. Eine dieser Darstellungen zeigte, allerdings nicht korrekt, in roter Farbe das Wort »Ch-u-f-u«. Damit schien der Beweis für die Urheberschaft des Bauwerks erbracht, denn »Chufu« ist die altägyptische Variante des griechischen Wortes »Cheops«. Weshalb ein Bauarbeiter vor Jahrtausenden des Schreibens mächtig gewesen sein soll, er gar Pinsel und Farbe zur Hand hatte und zudem das Wort »Chufu«, noch dazu in falschen Hieroglyphen, hinmalte, fragte allerdings niemand. Und schon gar nicht, warum die Große Pyramide nur an dieser schwer zugänglichen Stelle einen Erbauer nennt, sonst aber nirgendwo.

Inzwischen wissen wir es besser. Der britische Forscher Scott Creighton konnte klipp und klar beweisen, dass Oberst Vyse, der die rote Inschrift entdeckt haben wollte, sie selbst angebracht hatte. Dies geschah im Jahre 1835 und mittels Hieroglyphen, die es zu Cheops Zeiten gar nicht gab. Scott Creighton formulierte es in der Zeitschrift *Nexus* so:

»Es gibt einen eindeutigen Beweis – er stammt von Vyse persönlich und bestätigt zweifellos, dass er in der Cheopspyramide betrogen hat.« [56]

Wie das? Nun: Vyses Tagebücher kamen zum Vorschein, und darin gestand er selbst den Betrug.

Trotz der neuesten Informationen beharren bis heute alle Ägyptologen auf ihrer Ansicht, Cheops sei der Erbauer der Großen Pyramide gewesen. Doch weshalb steht es so und nicht anders in sämtlichen Lehrbüchern und wird Jahr für Jahr Millionen von Touristen erzählt? Weil es der »Vater der Geschichtsschreibung«, der Grieche Herodot (um 480–420 v. Chr.), in seinen Geschichten über Ägypten so berichtet. Dieser Herodot stammte aus Halikarnassos in Kleinasien und avancierte zum Globetrotter seiner Zeit. Ägypten, das er im Juli 448 vor Christus betrat, war für ihn eine neue Welt. Deshalb notierte er alles, was seine Gesprächspartner über die Geschichte ihres Landes berichteten, wobei er penibel unterschied zwischen dem, was man ihm erzählte, und dem, was er mit eigenen Augen sah. Herodot schrieb, er habe gehört, ein Pharao namens »Chufu« habe die Große Pyramide in nur 20 Jahren Bauzeit errichten lassen. Derselbe Chufu sei ein Tyrann gewesen. Bis zu 100 000 Sklaven hätten für ihn gearbeitet. [57] Nun aber liegt die Eigenschaft der Eitelkeit in der Natur eines jeden Tyrannen – wie war es dann aber möglich, dass das größte Bauwerk, das dieser Tyrann errichten ließ, für totale Anonymität steht? Wie konnte ein Tyrann das tollste und eindrucksvollste Bauwerk der Erde – auch damals schon! – errichtet haben, ohne seinen Namen auch nur mit der kleinsten Glyphe zu erwähnen? In der sogenannten Großen Galerie innerhalb der Pyramide, einem aufwärtsgehenden Gang von über 8 Metern Höhe und 47 Metern Länge, wäre unendlich viel Platz für Inschriften auch in großer Zahl gewesen. Genauso wie in der Königinnen- und Königskammer. Doch die Wände sind leer. Nicht eine mickrige Glyphe preist das Werk des Tyrannen Cheops. Das passt vorn und hinten nicht zusammen!

Plinius hatte noch geschrieben: »… so sind denn alle Schöpfer dieser Eitelkeit mit Fug und Recht der Vergangenheit anheimgefallen«. Eitelkeit und Namenlosigkeit sind miteinander unvereinbar. Es ist eingewendet worden, gerade die Unterdrückten hätten die Hieroglyphen mit den Lobpreisungen ihres Diktators weggeschlagen. Wann denn? Die Große Pyramide ist vollkommen versiegelt worden. Kein Berserker konnte dort hinein, um seine Wut an dem Pharao auszutoben. Und selbst wenn Inschriften abgeschlagen worden wären, müsste man die Spuren davon sehen. Doch alle Wände sind spiegelglatt. Nichts ist ab- oder weggekratzt worden. Der Erste, der die Pyramide nach Jahrtausenden aufbrach, war der Kalif Al-Mamun (786–833). Was hat der eigentlich gefunden? Es steht im *Hitat*:

»Al-Mamun hat die Große Pyramide geöffnet. Ich suchte ihr Inneres auf und erblickte ein großes, gewölbtes Gemach, dessen Basis ein Viereck bildete, während es oben rund war. In der Mitte befand sich ein viereckiger Brunnenschacht von 10 Ellen Tiefe. Steigt man in ihn hinab, so entdeckt man auf jeder seiner vier Seiten eine Pforte, die zu einem großen Raume führt, in dem Leichname liegen. Die Söhne Adams …«

Was hier beschrieben wird, entspricht weder der Großen Galerie noch der Königinnen- oder Königskammer in der Pyramide. Dort existieren kein »gewölbtes Gemach« und auch keine »runde Decke«. Möglicherweise ist der Schacht gemeint, der tief unter der Pyramide liegt. Nur führen von dort aus keinerlei Türen in irgendwelche Räume. Zumindest heute nicht. Durchaus möglich, dass derartige Öffnungen einst existierten und später zugemauert wurden. Mein Sekretär Ramon Zürcher und ich sind persönlich durch Räume tief unter der Rampe zur Chephrenpyramide gekrochen und haben vor einem Sarkophag gestanden, der mit Grundwasser bedeckt war. Ich weiß also – nicht: Ich ahne, vermute oder habe gelesen –, dass es unter dem Pyramidenplateau tatsächlich Räume und Schächte gibt. (Beschrieben in meinem Buch *Die Bekenntnisse des Ägyptologen Adel H.*, [58, Seite 39 ff.].)

Im *Hitat* liest man zudem, Al-Mamun habe im Innern der Pyramide mehrere Leichname mit seltsamen Schutzpanzern gefunden, dazu Bücher in einer unbekannten Schrift. Wie bitte? Hätte es sich um Hieroglyphen aus Cheops Zeiten gehandelt, so hätten Al-Mamun und seine Gelehrten sie lesen können.

Alles spricht gegen einen Bauherren namens Cheops. Beim Historiker Diodor von Sizilien (1. Jahrhundert v. Chr.) wird der Bauherr Chemmis genannt. Gaius Plinius Secundus vermeldet trocken: Keiner der Historiker, die über die Pyramiden schrieben, wisse den Namen des Erbauers. Zudem kennt Plinius die Werke von Herodot und vermerkt, Herodot irre sich, wenn er Cheops als Erbauer der Pyramide angebe. Unsere Fachleute aber berufen sich stur auf Herodot – allerdings auch nur dann, wenn seine Aussagen ihnen passen. Derselbe Herodot berichtet im zweiten Buch seiner *Historien*, Kapitel 141 und 142, von seinem Besuch in Theben. Dort hätten ihm die Priester 341 Statuen gezeigt und zu jeder Statue einen kurzen Kommentar abgegeben. Insgesamt, so die Priester, würden diese 341 Statuen 11 340 Jahren entsprechen. Damals hätten die Götter aus dem Firmament noch unter den Menschen gelebt. Seither seien sie nicht mehr gekommen. Elftausenddreihundertundvierzig Jahre! Herodot schrieb dies vor rund 2500 Jahren. Also müssen zu den 11 340 Jahren noch 2500 Jahre hinzugezählt werden. Macht rund 13 800 Jahre, vor denen die Götter – laut Herodot – unter den Menschen lebten. Davon wollen die Fachleute so wenig wissen wie von Herodots Daten. Es passt nicht in die Lehrmeinung.

Milde lächelnd schieben die heutigen Ägyptologen alles zur Seite, was dem Pharao Cheops als Bauherrn widerspricht. Ihre Selbstverliebtheit hindert sie am Nachdenken. Allein rein rechnerisch funktioniert der Pyramidenbau innerhalb von 20 Jahren nicht. Beinahe jede Minute ein Block. Das Banalste aber wird ohnehin ausgeblendet. Heute wissen wir, dass in der Großen Pyramide viel mehr Kammern, Schächte und Hohlräume existieren als diejenigen, die lange Zeit allgemein bekannt waren. Roboter haben schmale Schächte in der Pyramide abgefahren, geodätische Messungen wurden gemacht, mehrere Bezirke des Bauwerkes wurden durchleuchtet. Das Anlegen solcher Hohlräume bedeutet Planung. Kein Bauführer – weder damals noch heute – könnte ein Bauwerk mit vielen Schächten, Räumen und Querverbindungen ohne Planung realisieren. An welcher Stelle muss ein Schacht, der schräg nach oben verlaufen soll, beginnen? Wie lang muss er sein? Wie hoch? In welchen Raum soll er führen? Welches Volumen soll jeder Raum haben? Welche Qualität sollen die Blöcke einer Decke aufweisen? Der Rosengranit in der Königskammer – beispielsweise! – stammt aus Assuan. 1000 Kilometer von der Baustelle entfernt. Welcher Architekt befahl, diesen Rosengranit heranzuschaffen? Der konnte nicht an Ort und Stelle »gegossen« werden. Etc. pp. Ohne ausgefeilte Pläne entsteht kein grandioses Bauvorhaben. Erst recht nicht ein derart kompliziertes Gebilde wie die Große Pyramide. Jetzt aber kam – laut den Ägyptologen – Cheops Vater, Snofru, schnurstracks aus der Steinzeit. Die Evolution besagt, dass sich Primitives zu Höherem entwickelt – auch die damalige Technologie. Wie aber war es dann möglich, dass zum Beginn des Alten Reiches die planungs- und bautechnisch höchststehenden Leistungen Ägyptens vollbracht wurden – aus dem Stand heraus? Nein, hier stimmt etwas nicht:

Zu Cheops Zeiten existierten nun mal keine Ingenieure mit Stiften, Zirkeln und Maßstäben. Die Notwendigkeiten der Planung für ein solch gigantisches Monument passen nie und nimmer zu Cheops.

Die Realität aber zeigt, dass das Bauwerk dennoch errichtet wurde: Es steht immer noch da – also muss es jemand geplant haben. Wer kommt infrage? Genau die Person, die die alten Araber nennen: Henoch. Der lernte von seinen außerirdischen Lehrmeistern nicht nur Astronomie, sondern auch das Ingenieurwesen. Das ist keine Behauptung von mir: Henoch persönlich überlieferte es so in seinem Buch. Er nennt sogar die Namen seiner Lehrmeister. Was will man noch mehr? Ach ja, die alte, immer wiederkehrende Frage nach dem WARUM. Der Riesenbau musste erstellt werden, weil Henoch über die kommende Flut informiert worden war. Er sollte ein Bauwerk errichten, das die Flut überstehen konnte – und in dem das gesamte Wissen der damaligen Zeit ebenso deponiert werden konnte wie einige Gegenstände jener »Götter«. Das alles wartet heute noch auf seine Entdeckung.

Zum Inhalt eines weiteren Briefes: Am 13. Februar 2020 hatte ein Leser aus Deutschland geschrieben und mir ein Bild zum Verkauf angeboten. Er nannte es »eine absolute Rarität …, eine faszinierende Felszeichnung aus dem Ferganabecken Usbekistans, östlich des Aralsees«. Das Bild war mir bekannt, und ich hatte es auch bereits veröffentlicht. [59] Tatsächlich eine einzigartige und eindeutige Darstellung – wenn sie denn stimmt. Hier die dazugehörige Geschichte:

Im Jahre 1972 hatte ich bei einem Besuch in Moskau den russischen Philosophen Prof. Dr. Wjatscheslaw Saizew kennen-

Bild 24

gelernt. Dies geschah durch eine Vermittlung des Astronomen Prof. Dr. Schklowski. Saizew zeigte mir ein Bild und versicherte, das Original sei eine alte Felsmalerei, gefunden in den Alaibergen an den westlichen Ausläufern des Himalaja, im Süden der Stadt Fergana. Die wiederum liegt im Becken zwischen den kirgisischen Bergen im Norden und dem Alaigebirge im Süden. Minutenlang starrte ich auf die Darstellung. Es wäre der eindeutige und endgültige Beweis für meine Theorie, dass unser Planet vor Jahrtausenden von Außerirdischen besucht wurde. [Bild 24]

Im Vordergrund des Bildes war eine beflügelte und behelmte Gestalt mit einer kuriosen Scheibe zwischen den Händen zu sehen. Im Hintergrund ein Raumfahrer, wie wir ihn heute nicht anders zeichnen – und über ihm ein UFO. Mich elektrisierte die Scheibe in den Fingern des Fremden. Bereits im Jahre 1938 waren nämlich 2000 Kilometer von Fergana entfernt in der Bergregion von Baian-Kara-Ula (auch Payenk-Ara-Ulaa oder Bayan Har Shan genannt), China, Gräber mit Keramikscheiben aufgetaucht. Darauf Schriften, die später teilweise übersetzt werden konnten. Sie berichteten von Wesen aus dem Weltall, die in unserem Sonnensystem gestrandet waren und ihr Raumschiff nicht mehr reparieren konnten. Die Fremden hätten nur drei Finger besessen und seien viel kleiner als wir Menschen gewesen. Deshalb seien sie von den Eingeborenen gejagt und getötet worden. Hatte einer jener gestrandeten Raumfahrer die Felszeichnung angefertigt?

All dies wusste auch Prof. Dr. Saizew. Er lächelte mir wohlwollend zu und meinte, ich müsste wohl ins russisch-chinesische Grenzgebiet reisen, um das Original zu begutachten. Dies schaffte ich bis heute nicht. Deshalb veröffentliche ich das Bild unter Vorbehalt in der Hoffnung, ein Forscher nach mir möge das Original aufstöbern. Bei dem Bild aber, das mir angeboten wurde, handelte es sich schlicht um eine künstlerische Kopie in der Größe von 110 mal 148 Zentimetern. Ich habe es nicht gekauft.

Stimmt es tatsächlich – wollten zahlreiche weitere Leser wissen –, dass unzählige alte Bauwerke in geometrischen Beziehungen zueinander stehen? Und wie ist das möglich?

Ja, es stimmt, und das Thema wurde in mehreren Büchern behandelt. [60, 61] Es existieren schnurgerade Linien auf der Erde, die vorgeschichtliche Bauten miteinander verbinden. Eine Antwort auf die Frage, warum das so ist, hat niemand. Ganz offensichtlich standen unsere steinzeitlichen Bauherren unter einem Zwang, ihre Tempel nur an bestimmten Stellen zu errichten. So entstanden die »Ley Lines«: mitunter Tausende von Kilometern lange Strecken – auf denen sich exakt die Bauwerke befinden. Eine dieser Linien läuft von Stonehenge in England bis hinunter nach Sizilien. Noch unbegreiflicher sind die geometrischen Beziehungen von Bauwerken untereinander. Wie hoch schätzt man die Möglichkeit, dass ein Tempel zu einem anderen Tempel die exakt gleiche Distanz wie die zwischen zwei weiteren Tempeln aufweist? In Zentralgriechenland ist dies 22 Mal der Fall. Oder die Wahrscheinlichkeit, dass in einem gebirgigen Gelände je drei Tempel auf einer geraden Linie liegen? Das mag zufälligerweise an wenigen Orten der Fall sein. Doch allein in der Region Attika–Böotien, Griechenland, gibt es 38 dieser »Drei-Tempel-Linien«. Jeder Zufall ist ausgeschlossen, dieses System wurde geplant. [62] Wir wissen allerdings weder von wem noch aus welchem Grund. Doch allein die geometrischen Tatsachen, für jeden leicht kontrollierbar durch den Einsatz einer Karte, eines Zirkels und eines Maßstabs, müssten unsere Fachleute eigentlich stutzig machen. In der hochnoblen Fachliteratur der Archäologie existiert das Thema jedoch nicht. Eine dieser Kuriositäten liegt vor unserer Haustüre – zufälligerweise entdeckt von einem deutschen Ingenieur.

Peter Hentschel lebt in Dresden und ist von Beruf Vermessungsingenieur. Ein Mann mit Geduld und einem klaren, analytischen Verstand. Vor Jahren verbrachte er einige Monate bei einem Freund in der Toskana, Italien, und er ahnte nicht, was ihn hier plötzlich faszinieren sollte. Eines Tages wurde er gebeten, bei der Renovierung eines alten Landhauses zu helfen. Bestandteil der Immobilie war eine kleine Kirche aus dem 12. Jahrhundert, und dieses Kirchlein stand auf den Überresten eines etruskischen Kultplatzes unweit der Stadt Anghiari. In seiner Freizeit spielte Peter Hentschel oft mit seinem GPS und einem für Trigonometrie programmierten Computer – beides Werkzeuge aus seinem Alltagsberuf. Bald realisierte er, dass einige der Kirchen und Kapellen der Gegend in denselben Winkeln eines Dreiecks zueinanderstanden. Ein Zufall? Der Ingenieur zog Karten zurate und inspizierte seine Entdeckungen im Gelände. Nach und nach kristallisierte sich ein System aus lauter gleichschenkligen Dreiecken über der Landschaft heraus, wobei zwischen dem einen und dem nächsten Punkt immer eine Distanz von 74 Kilometern oder exakt der Hälfte davon lag. Stets ging es um Kapellen, Kirchen oder etruskische Mauerreste. Wobei die Kirchen – wie Peter Hentschel herausfand – alle auf Punkten standen, auf denen ehemals ein etruskisches Heiligtum existiert hatte. Ein Beispiel: Die Distanz von Cortona zu einer etruskischen Siedlung am Bolsenasee beträgt 74 Kilometer. Von beiden Orten aus lässt sich eine gerade Linie nach Paganico ziehen. Beide Strecken weisen eine Länge von jeweils 74 Kilometern auf. Das ging so weiter von einem ehemaligen etruskischen Kultplatz zum nächsten. Oftmals betrug die Distanz von einem Punkt zum nächsten auch nur 37 Kilometer – die Hälfte von 74. Peter Hentschel begann die Sache Spaß zu machen, und er übertrug seine Resultate auf eine Landkarte. Heraus kam ein Raster aus zwölf gleich weit voneinander entfernten Punkten, wobei das ganze System streng nördlich ausgerichtet ist. Auf der Karte entstand ein Bild des »kabbalistischen Lebensbaumes«. Was soll das sein? [Bild 25]

Das Wort »Kabbala« stammt aus dem Hebräischen und steht für qibel = empfangen (hebräisch: QBLH). In kabbalistischen Schriften wird sogar behauptet, die Inhalte der Kabbala beziehungsweise der so bezeichneten mystischen Tradition würden auf Moses zurückgehen. Im 2. Jahrhundert nach Christus wurde die Kabbala von Rabbi Schimon bar Jochai (130–170) niedergeschrieben, und 1000 Jahre später verfasste der spanische Jude Mose ben Schemtob de León die Version, die heute vorliegt. Den kabbalistischen Schriften zufolge offenbart sich Gott im gesamten Universum durch Schwingungen. Diese Manifestationen Gottes werden »Sephirot« genannt und bildlich in einem System dargestellt: dem kabbalistischen Baum. Dieser »Baum« »zeigt alle Sphären der göttlichen Kräfte und [ist] ein gleichnishaftes Bild für die Gestalt des Himmlischen«. [63] [Bild 26]

Und exakt diesen »kabbalistischen Baum« widerspiegelten Peter Hentschels Dreiecke in der Toskana. Wer hatte irgendwann in der Vergangenheit die Macht besessen, ein derart überdimensionales Bild in die Landschaft zu kommandieren? Unabhängig vom »kabbalistischen Baum« entdeckte Peter Hentschel während seiner insgesamt 8-jährigen Beschäftigung mit dieser verblüffenden Geometrie ein zusätzliches Netz, das sich über ganz Mittelitalien hinzog und definitiv älter sein musste als die Brüder des Franziskanerordens. Die hatten nämlich ihre Kirchen, Kapellen und Marienaltäre nicht zufälligerweise in die Landschaft gebaut, sondern stets an Orte, die bereits in etruskischen Zeiten als heilig galten. Wer waren diese Etrusker?

12. Längengrad OST
San Cristoforo / Marienkapelle
Cortona / Etr. / Chiesa del Torreone
Perugia / Etr.
Luciano d'Asso / Etr.
37km
Città della Pieve / Etr.
37km
37km
Selva / Kloster
Todi / Etr / Kloster
Bolsena / Bz./Etr.
Orte / Etr.
Vulci /Bz. / Etr.
Blera / Etr.

Bild 25

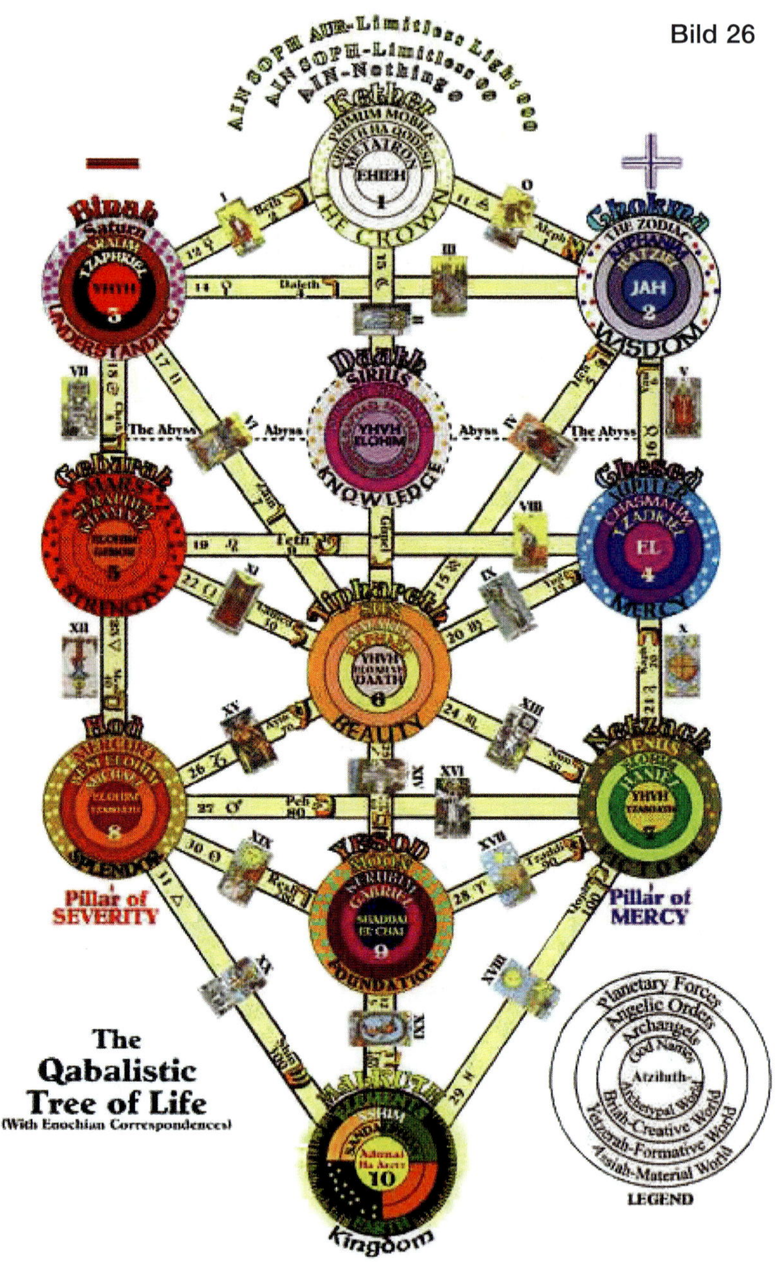
AIN SOPH AUR-Limitless Light
AIN SOPH-Limitless
AIN-Nothing
Kether
PRIMUM MOBILE
METATRON
EHIEH
1
THE CROWN
Binah
Saturn
TZAPHKIEL
YHVH
3
UNDERSTANDING
Chokmah
THE ZODIAC
JAH
2
WISDOM
Daath
SIRIUS
YHVH
ELOHIM
KNOWLEDGE
The Abyss
Abyss
Abyss
The Abyss
Geburah
MARS
5
STRENGTH
Chesed
JUPITER
CHASMALIM
TZADKIEL
EL
4
MERCY
Tiphareth
SUN
RAPHAEL
YHVH
DAATH
6
BEAUTY
Hod
MERCURY
8
SPLENDOR
Netzach
VENUS
YHVH
7
VICTORY
Yesod
MOON
GABRIEL
SHADDAI
EL CHAI
9
FOUNDATION
Pillar of
SEVERITY
Pillar of
MERCY
Malkuth
Adonai
Ha Aretz
10
Kingdom
The
Qabalistic
Tree of Life
(With Enochian Correspondences)
Planetary Forces
Angelic Orders
Archangels
God Names
Atziluth-
Archetypal World
Briah-Creative World
Yetzirah-Formative World
Assiah-Material World
LEGEND
Bild 26

Vor rund 3000 Jahren war Mittelitalien das Land der Etrusker. Herodot, der griechische »Vater der Geschichtsschreibung«, berichtet, die Etrusker seien aus dem kleinasiatischen Lydien gekommen. Nachgewiesen ist der Handel, den die Etrusker mit Griechenland betrieben; wie wir heute auch wissen, dass ihre gesamten Göttervorstellungen aus dem alten Griechenland stammten. Gleiches gilt für die exakte Landvermessung. Doch woher kamen die griechischen Vermessungskünste?

Im Dialog *Timaios* belehrt Platon seine Gesprächspartner, die Lehre von der Fläche nenne man Geometrie. Dann wird von ihm das Problem der Proportionen, der Produkt- und Quadratzahlen erörtert, und auch der Goldene Schnitt erklärt. [64] Es wird im Weiteren über die Kugelgestalt der Erde und sogar über die Umlaufbahn unseres Planeten um die Sonne gesprochen. Wer Platon gelesen hat, versteht nicht mehr, weshalb Galileo Galilei (1564–1642) im 17. Jahrhundert von der Inquisition umgebracht wurde, denn alles, was er in seiner »Planetenbotschaft« dozierte, konnte man bereits bei Platon nachlesen. Und woher hatten die Griechen ihr mathematisches und geometrisches Wissen? Platon sagt es in seinem Buch *Gesetze*: von den Göttern – den ursprünglichen Lehrmeistern der jungen Menschheit. Dieser Wissenstransfer erfolgte schon Jahrtausende bevor es brillante griechische Mathematiker wie Euklid oder Sokrates gab.

Irgendwer in grauer Vorzeit verfügte über die Macht, den Steinzeitmenschen zu befehlen, an welchen Orten sie ihre Heiligtümer zu errichten hatten. Hier demonstriert am Beispiel Norditaliens. Doch das System der Ley Lines ist nicht auf bestimmte Abschnitte unseres Planeten beschränkt – nein, es zieht sich über das gesamte Erdenrund. Unwiderlegbar. Wobei dieses System im alten Griechenland auf die Spitze getrieben wurde. Kontrollierbar für jeden Studenten oder sonstig Interessierten, der mit Karte, Maßstab und Zirkel umgehen kann (siehe dazu Quelle 78). Dieser Irgendwer wusste, dass die Menschen Jahrtausende später ihre Länder vermessen würden, wusste, dass die Künftigen das weltweit existierende geometrische Netz entlarven müssten. Und dann der Frage nach dem Warum nicht mehr ausweichen konnten.

Das sind die Fakten. Die Gelehrten interessieren sie nicht.

Vor 30 Jahren erschien mein Buch *Die Steinzeit war ganz anders*. [65] Darin befasste ich mich ausführlich mit rätselhaften Bauwerken aus jener unverständlichen Epoche und war mir sicher, über Stonehenge in England alles geschrieben zu haben. Denkste! 30 Jahre weitere Forschung – und die damaligen Antworten müssen neuen Erkenntnissen Platz machen. Stonehenge und andere Verrücktheiten aus der Steinzeit erscheinen nunmehr in einem noch unmöglicheren Licht, als sie dies vorher ohnehin schon taten.

Die gewaltige Anlage soll in mehreren Etappen gebaut worden sein. Die älteste wird mit rund 3000 vor Christus datiert: in die Jungsteinzeit (Neolithikum). Damals muss sich wohl eine Gruppe von fellbehangenen Steinzeit-Teenagern gelangweilt haben. Sie hatten genug vom Jagen und Beerensuchen, genug vom Feuermachen und dem täglichen Streit mit den unrasierten Gefährtinnen. Sie diskutierten über den eintönigen Alltag und kamen auf eine phänomenale Idee: Wir verblüffen unsere Nachbarn mit einem imposanten Bauwerk! Doch dafür waren viele Kräfte nötig. Mindestens. Es wurde beratschlagt und nochmals beratschlagt. Vielleicht gab's damals noch keine

Priester, und so versammelten sich eben die Ältesten der Gemeinschaft. Die kannten zwar auch keine Schrift, hatten aber immerhin eine Ahnung vom längsten oder kürzesten Tag eines Jahres. Dabei stützten sie sich auf die Überlieferungen ihrer Vorfahren. Die mussten wohl Licht und Schatten bei Sonnenauf- und Sonnenuntergang beobachtet und möglicherweise mit Strichen im Boden markiert haben. Sie wussten, wann der längste und wann der kürzeste Tag im Jahr bevorstand. Auch kannten sie die Mondphasen, wussten, innerhalb welchen Zeitabschnittes aus dem Halbmond ein Vollmond wurde. Weshalb das so und nicht anders geschah, ahnten sie zwar nicht – es sei denn, irgendwelche Lehrmeister von irgendwoher hätten es ihnen beigebracht. Heute würde man die Gruppe als Planungsstab bezeichnen.

Dieser Planungsstab erwählte einen Chef und der begutachtete zuerst einmal die Arbeitsgeräte seiner Mannschaft: Werkzeuge aus Feuerstein, Sandstein und Granit, dazu Knochen, Hölzer und geflochtene Stricke aus Fasern von Pflanzen. Dem Chef der Truppe war bald klar, dass die Anlage, die damals noch keinen Namen hatte, niemals in einer Generation errichtet werden konnte. (Zudem wurden die Menschen höchstens 40 Jahre alt.) Deshalb rechnete er damit, dass die nachfolgenden Geschlechter sein Werk weiterbauen würden.

Die erste Bauetappe verlangte einen Eingang aus zwei großen Steinblöcken, sogenannten Megalithen. (Das Wort stammt aus dem Griechischen und setzt sich zusammen aus: *mega* = groß, *lithos* = Stein.) Danach folgten ein Kreis aus dreißig Blöcken sowie eine Konstruktion in Hufeisenform aus zehn Blöcken mit einem darauf gelegten Querbalken. So entstanden fünf Paare aus je drei Blöcken. Einen darüber hinaus installierten riesigen

Monolithen in der Mitte der Anlage bezeichnet man heute als »Altar«, ein anderer außerhalb des Ringes trägt die Bezeichnung »Heelstone« (= Fersenstein). Anschließend wurde ein Kreis mit 56 Löchern aus dem Boden gekratzt. Diese Löcher wiesen einen Durchmesser von jeweils 130 Zentimetern und eine Tiefe von rund 1 Meter auf. Jahrtausende später fanden Archäologen in diesen Löchern Kalkschutt und die Überreste von zerriebenen Knochen. Vereinzelt auch Splitter von Holzkohle. Die ließen eine Datierung mittels der Radiokarbonmethode zu. Sie ergab ein Herkunftsdatum von rund 1800 vor Christus, das aber nur den Inhalt dieser Löcher betrifft. Die Löcher selbst können viel älter sein. Wozu sie dienten, blieb so lange ein Rätsel, bis der Astronom Gerald Hawkins (1928–2003) vom Smithsonian Astrophysical Observatory im US-Bundesstaat Massachusetts die 56 Löcher exakt vermaß und seinem Computer die Daten 7140 möglicher Verbindungslinien eingab. Die Frage lautete: Haben die Löcher etwas mit dem Fersenstein – dem Heelstone –, den

Bild 27

Trilithen und dem Steinring von Stonehenge sowie den Vorgängen am Firmament zu tun? Die Daten verblüfften. Stonehenge erwies sich als ein Observatorium, eine große Sternwarte, mit deren Hilfe sich ganze Reihen von astronomischen Voraussagen erstellen ließen. [Bild 27] In seinem Buch *Stonehenge decoded* [66] stellte Hawkins seine Berechnungen der Öffentlichkeit vor. Die steinzeitlichen Astronomen konnten jede Sonnen- und Mondfinsternis auf den Tag genau voraussagen. Bekanntlich entsteht eine Sonnenfinsternis, wenn sich der Mond zwischen Erde und Sonne schiebt. Und eine Mondfinsternis tritt dann auf, wenn die Mondkugel in den Erdschatten tritt. Hawkins war überzeugt, die 56 Löcher hätten als eine Art Zählwerk gedient. Offensichtlich wussten die steinzeitlichen Astronomen, dass der Mond zwischen einem nördlichsten und einem südlichsten Punkt pendelt. Hawkins astronomische Schlüsse blieben nicht unbestritten. In der Zeitschrift *Antiquity* machte sich sein Kollege Professor Atkinson darüber lustig. [67]

Einige Jahre nachdem Hawkins mit seiner Theorie an die Öffentlichkeit getreten war, untersuchte Professor Alexander Thom (1894–1985) Stonehenge und andere Steinringe nach astronomischen Gesichtspunkten. Die Resultate waren eindeutig: Über 600 der geprüften steinzeitlichen Monumente wiesen astronomische Bezugspunkte auf. Die vorzeitlichen Baumeister hatten nicht nur die Sonne und den Mond anvisiert, sondern auch die Sterne Capella, Kastor, Pollux, Wega, Antares, Atair und Deneb. Dazu Alexander Thom:

»Man kann sich schwer vorstellen, wie die Baumeister im Megalithikum ihre Monumente ohne astronomische Hilfsmittel entworfen und ausgeführt haben. Und doch war es genau so … Die Bauleute des Megalithikums haben mit der Geometrie experimentiert und Messregeln aufgestellt. Wir wissen nicht, in welchen Beziehungen diese Vorstellungen zu ihren anderen Institutionen standen.« [68]

40 Jahre nach Professor Thom gibt es neue Entdeckungen in Bezug auf Stonehenge, und die zerstören unsere bisherige Selbstsicherheit. Aufgrund eines heftig diskutierten Straßenbauprojektes – der geplanten Untertunnelung des Stonehenge-Areals mittels einer mehrspurigen Straße(!) – mussten Sondierungen im Gelände durchgeführt werden. Dabei wurde in 20 Metern Tiefe ein riesiger Ring aus zylinderförmigen Schächten entdeckt. Vermutlich existieren 50 dieser rätselhaften Gruben – 18 davon sind bisher untersucht worden. Die wenigen Knochen, die darin auftauchten, wurden einer Altersanalyse unterzogen und ergaben ein Datum von rund 2500 vor Christus. Auch diese Datierung muss nicht dem Jahr entsprechen, in dem die neu aufgefundenen Gruben angelegt wurden. Die könnten längst existiert haben, bevor Knochen

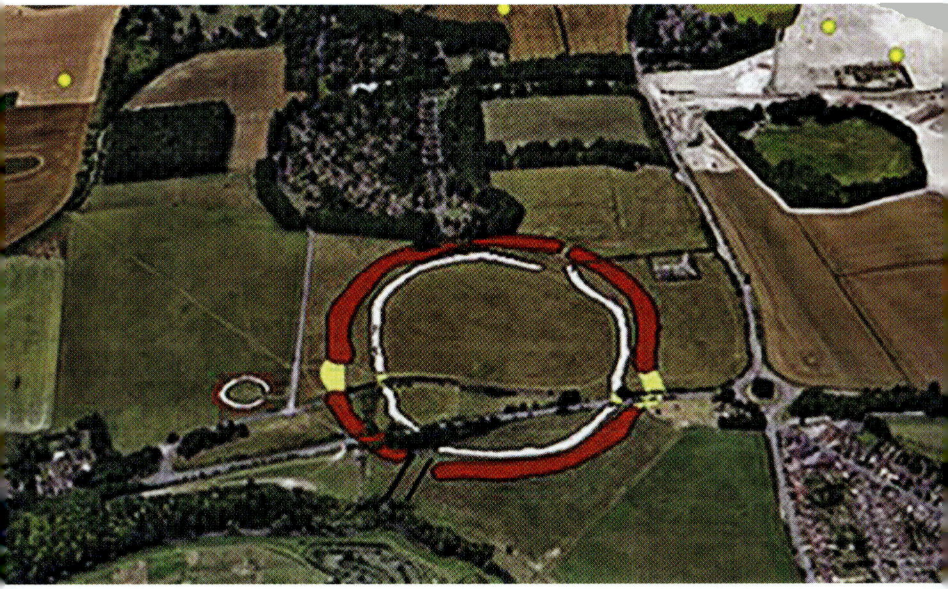

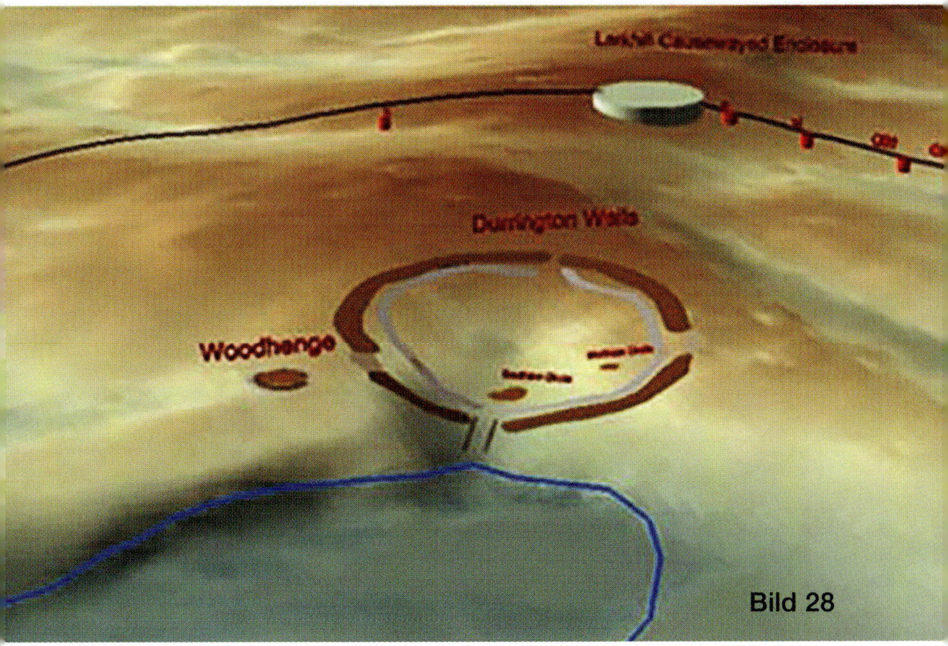

Bild 28

in sie hineingerieten. So sieht denn auch kein Archäologe in den wannenförmigen Aushebungen Gräber. Es existieren weder Beschriftungen noch Grabbeigaben, geschweige denn Hinweise auf eine Bestattung, bei der die Knochen in Skelettform in die Gräber gelegt worden wären. Noch toller: Unerwartet stießen die Bohrer auch auf Monolithen im Untergrund um Stonehenge. Bislang wurden 60 davon ausgegraben, einige von ihnen weisen eine Höhe von bis zu 3 Metern auf. Sie bildeten einen gigantischen Ring um die bisherige Anlage, und das bis zu 3 Kilometer vom alten Stonehenge entfernt. [Bild 28] Man muss sich das einmal vorstellen: Im Zentrum der Anlage stehen die bisher bekannten und weiter oben bereits erwähnten Steinkonstruktionen von Stonehenge. Diese umgibt ein ringförmiger Erdwall. In 20 Metern Tiefe unter dem Steinzeitdenkmal stieß man nunmehr auf wannenförmige Gruben sowie einen ebenfalls unter der Erde liegenden gigantischen Kreis aus den neu entdeckten Monolithen. Was wir hier vor uns haben, ist ein Super-Stonehenge – eindrucksvoller als jeder andere Steinkreis irgendwo auf der Welt. Was sollte das alles? Im Fachmagazin *Sagenhafte Zeiten* bezeichnete der britische Forscher und Archäologieautor Andrew Collins die Überraschungen in Bezug auf Stonehenge als das größte prähistorische Rätsel der Welt. [69] Funktionierte Stonehenge – so fragte Andrew Collins, der eine Hypothese jenseits der kalendarisch-astronomischen präsentierte – möglicherweise als eine Art »Klangtempel«, mit den grubenförmigen »Wannen« als Resonanzverstärkern? Wer aber sollte für eine solche, großes Wissen voraussetzende Baumaßnahme verantwortlich sein? Wer verstand – vor Jahrtausenden! – etwas von Schwingungen? Nun, nichts scheint unmöglich. Laut der Online-Enzyklopädie *Wikipedia* belegen neueste Forschungen zumindest, dass die Gegend, in der Stonehenge steht, »bereits vor 11 000 Jahren eine besondere rituelle Bedeutung für die Menschen hatte«. [70]

Hinsichtlich ihrer Bautätigkeit müssen die steinzeitlichen Planer überall und durch die Jahrhunderte hindurch stets dieselbe Maßeinheit angewendet haben. Heute nennt man sie »das megalithische Yard« (82,9 Zentimeter), und – hoppla! – dieses Einheitsmaß kam nicht nur in England, sondern nachweisbar auch bei anderen vorgeschichtlichen Steinsetzungen in ganz Europa zum Zuge. Ich wage es kaum, die Frage aufzuwerfen, wie das möglich ist. Vor Jahrtausenden existierte doch kein gesamteuropäisches Eichamt – oder doch?

Seit wann trägt Stonehenge eigentlich seinen Namen: »hängende Steine«? Das Wort »Stonehenge« existierte bereits im Altenglischen und setzt sich aus den Begriffen stan = Stein und henge = Scharnier zusammen. Die erste diesbezügliche Erwähnung stammt aus dem Jahr 1130 und ist in dem Buch *Historia Anglorum* (zu Deutsch: »Geschichte Englands«) von Heinrich von Huntingdon (1088–1157) nachweisbar. Er erwähnte Stonehenge als ein berühmtes Denkmal. Zur selben Zeit entstand *Die Geschichte der Könige Britanniens* von Geoffrey von Monmouth (1095–1150). Über Stonehenge berichtet er, die Stätte sei mithilfe magischer Kräfte durch den Zauberer Merlin entstanden. Ursprünglich seien die Steine von Riesen aus Afrika herbeigebracht worden. Dieser Meinung schloss sich selbst der Historiker Polydor Vergil (1470–1555) an. William Buckland (1784–1856), ein Paläontologe, versicherte sogar, Stonehenge sei ein vorsintflutlicher Tempel – und der stamme noch aus der Zeit von Noah.

Schon 200 Jahre vor William Buckland war der britische König Jakob I. (1566–1625) über ein Gewirr von Steinen gestolpert, auf das ihn ein hoher Beamter aufmerksam gemacht hatte. Lagen da uralte Gräber oder gar Schätze? Der König beauftragte den Hofarchitekten Inigo Jones (1573–1652), der Sache auf den Grund zu gehen. Jones zählte 32 Steinblöcke von schätzungsweise jeweils 25 Tonnen Gewicht bei einer Höhe von 4,3 Metern. Die Steine ergaben eindeutig eine Kreisformation, auch wenn die meisten umgestürzt am Boden lagen. Staunend stand Jones vor fünf Trilithen – zwei aufrecht stehenden Tragsteinen mit einem Querblock darüber. Seinem König berichtete Jones, es handle sich um die Ruinen eines römischen Tempels. Und der sei zu Ehren des Gottes Coelus (= der Himmlische) errichtet worden. Wenige Jahre danach stürzte ein sogenannter Dreistein auf den angeblichen Altarstein. Am 3. Januar 1779 »krachte das nächste der steinernen Tore zusammen«. [71]

Ein Nachfolger von König Jakob I., Karl II. (1630–1685), beauftragte den im Umgang mit Altertümern kundigen John Aubrey (1626–1697), sich mit dem seltsamen Steinring zu befassen. Der entdeckte im Jahre 1678 die 56 Löcher im Boden, die seither »Aubrey-Löcher« heißen. John Aubrey meldete seinem König, bei der Anlage handele es sich um ein Heiligtum der Druiden. Dies sind keltische Priester. Heute noch versammeln sich Anhänger des Druidenordens zur Sommersonnenwende in Stonehenge und erwarten das Aufgehen des Gestirns mit Gesängen und Ritualen.

Fast 250 Jahre später, im Jahre 1901, beschäftigte sich Sir Norman Lockyer (1836–1920) mit den Rätseln um Stonehenge. Mit Lockyer stapfte ein hervorragender Fachmann übers Gelände, denn er war Astronom und Direktor des Observatoriums in South Kensington. Aufgrund von astronomischen Berechnungen datierte Lockyer die steinzeitliche Anlage ins Jahr 1860 vor Christus – mit einer Differenz von plus/minus 200 Jahren. Dieses Datum aber lag weit vor der keltischen Zeit und ihren Druiden – die Kelten sind erst im 6. Jahrhundert vor Christus geschichtlich fassbar. Damit verblasste auch die Annahme, bei Stonehenge handele es sich um ein druidisches Heiligtum. Obwohl Lockyers Daten altersmäßig bereits in die richtige Richtung wiesen, blieben sie dennoch zu jung angesetzt. Die Knochenfunde in den Gruben unter Stonehenge bewiesen dies. C-14-Analysen ergaben ein Datum von 2500 vor Christus. Und als diese Knochen in den Untergrund gelangten, müssen die Gruben logischerweise bereits existiert haben. Freilich gab es zu Lockyers Zeiten noch keine C-14-Datierung. Diese wurde erst im Jahre 1946 durch Willard F. Libby (1908–1980) entdeckt, der dafür 1960 den Nobelpreis erhielt. (Die C-14-Methode misst die radioaktiven Isotope in einer *organischen* Probe. Steine und anorganisches Material können mit ihrer Hilfe nicht datiert werden. Alles, was auf unserem Planeten lebt – Tiere, Pflanzen, Menschen –, nimmt im Laufe seiner Existenz C-14 auf. Beim Absterben organischen Materials stoppt diese Aufnahme, und es beginnt der Zerfall der C-14-Isotope. Die Halbwertszeit beträgt 5600 Jahre, das heißt: Nach rund 5600 Jahren ist nur noch die Hälfte der ursprünglichen Isotopenmenge vorhanden, nach 11 200 Jahren nur noch ein Viertel usw. usf. Ich habe die Methode schon vor 50 Jahren kritisiert, denn sie geht von einer stets *gleichbleibenden* Menge der radioaktiven Isotope in unserer Atmosphäre aus. Jede Schwankung, beispielsweise hervorgerufen durch Sonneneruptionen, Meteoriten, das Ozonloch oder gar die Strahlung eines fernen Neutronensterns, hätte die C-14-Menge in der Atmosphäre erhöht, und die Datierung würden ein viel zu junges Resultat ergeben.)

Im Jahre 1923 begann Doktor A. Thom, ein Mitglied des königlich-britischen Vermessungsdienstes, mit seinen Analysen in Stonehenge. (Thom ist der Vater des gleichnamigen Mannes, der später die astronomischen Zusammenhänge in Stonehenge entdeckte.) Er konnte belegen, dass die sogenannten Blausteine, die in Stonehenge verbaut wurden, aus den Prescelly-Bergen (auch Preseli-Berge geschrieben) in der Grafschaft Pembrokeshire, Südwales, stammten. Dieses Gebiet liegt 220 Kilometer Luftlinie von Stonehenge entfernt – auf dem Landweg sind es rund 380 Kilometer. Was den Transport der Steine angeht, einigte man sich auf die übliche Lösung: Holzrollen und Schlitten. Die Methode wurde sogar durch eine Gruppe von Studenten nachgespielt. Man legte eines der Schwergewichte auf einen Schlitten, zerrte es zum Fluss und von dort auf Flöße, die »aus mehreren nebeneinanderliegenden Einbäumen bestanden und auf einem gemeinsamen Deck festgezurrt wurden«. [72]

Der Transportbeweis ist nicht lupenrein. Stillschweigend wurden nämlich Geräte vorausgesetzt, die es um 2000 vor Christus gar nicht gab: so etwas wie eine Schiffswerft, praktische Modellversuche, Seile für Schwertransporte, Kranvorrichtungen etc. Es verwundert nicht, dass der Monolith beim ersten Transportversuch im Bristolkanal absoff. Ein zweiter Versuch im Jahre 2012 war erfolgreicher. Es gelang, einen Blaustein auf dem Wasserweg über den Bristolkanal und den Avon-Fluss in die Nähe von Stonehenge zu manövrieren. Doch selbst wenn der Transport der Monolithen vor Jahrtausenden auf diese Weise durchgeführt worden wäre, bleibt die alles entscheidende Frage: Weshalb mussten es gerade diese Blausteine aus einer fernen Distanz sein? »Funktionierte« Stonehenge mit anderem Material, etwa mit Granit aus der Umgebung, nicht? Woher wussten die steinzeitlichen Bauherren überhaupt etwas von den Blausteinen in den weit entfernt liegenden walisischen Bergen? Damit die Antwort auf diese Fragen nicht zu leicht wird, ist zusätzlich zu berücksichtigen, dass die Blausteine erst Jahrhunderte *nach* dem Baubeginn von Stonehenge herangeschleppt wurden. Zweifellos wäre Stonehenge ohne den Kreis aus Blausteinen nicht Stonehenge. Deshalb sollten sie bereits in der Planung des ursprünglichen Bauprojektes existiert haben beziehungsweise vorgesehen gewesen sein. Wie nur wurden die Befehle und Informationen über die Jahrhunderte hinweg weitergereicht? Von einer steinzeitlichen Schrift ist in Europa nichts bekannt, wenn man einmal von einigen Runen absieht. Mit denen aber ließen sich keine mathematischen oder bauwerklichen Anweisungen weitergeben. Was nur trieb die Erbauer zu ihrem zeitlosen Werk?

In dem populären Wissensmagazin P.M. las ich, um 2500 vor Christus seien weite Teile Englands sehr schwach besiedelt gewesen. Diese dünne Besiedlung sei der Grund gewesen, weshalb die Menschen Viehzucht betrieben – und im Übrigen wenig zu tun hatten. Während der Zeit des Nichtstuns seien schöpferische Gedanken entstanden. »Die Idee Stonehenge dürfen wir diesen Züchtern also selbst für den Fall zutrauen, dass ihr Leben einförmig und primitiv verlaufen wäre.« [73] Wirklich?

Für das Gebiet des heutigen England wird die Bevölkerungsdichte um 2500 vor Christus mit zwei Personen pro Quadratkilometer angenommen. Städte gab es nicht, nur Viehzüchter in kleineren dörflichen Gemeinschaften. Und diese Viehzüchter sollen – glaubt man den Experten – »viel Muße« gehabt haben, sodass eine »Gedächtniskultur« entstehen konnte, die schließlich in dem Projekt Stonehenge gipfelte. Und da die Menschen zu einfältig waren, in der Natur zu erkennen, wann der Frühling oder Herbst begann, wann die Blumen blühten, die Insekten aus ihren Löchern krochen und wann die Früchte reif waren, musste ein gigantischer Steinkalender her. Eine schaurig-schöne Geschichte.

Wikipedia entnehme ich eine noch simplere (und seltsamere) Begründung – diesmal für die in Stonehenge verbauten Blausteine. [74] Das sehr harte Material dieser Blöcke und die relative Weichheit der anderen Steine könne symbolisch für ein Bündnis zweier Kulturen stehen, »die aus jeweils anderen Gebieten stammten und folglich unterschiedliche Hintergründe gehabt haben müssten«. Wie kommt man auf so etwas? *Wikipedia* weiter: Ein potenzieller Gegner sollte allein schon durch den Anblick von Stonehenge eingeschüchtert werden und überlegen, ob sich ein Angriff überhaupt lohne. Die etappenweise Erweiterung von Stonehenge »ließe sich dann als symbolisches ›Wettrüsten‹ unter benachbarten Stämmen deuten«. Einfach fantastisch, diese kalten Krieger der Steinzeit! Nun stammen aber die ersten Löcher, die vermutlich einst als Verankerungen von Pfosten dienten, eindeutig aus dem Jahr 8000 vor Christus. Mit der eigentlichen Aufrichtung der ersten Steine sei erst um 3000 vor Christus begonnen worden. Demnach hätten das angebliche Wettrüsten – der stets umfangreicher werdende Ausbau von Stonehenge – und die Angst potenzieller Feinde der hier Werkelnden über Jahrtausende angehalten. Das mag glauben, wer eines naiven Gemütes ist.

Und – wie könnte es anders sein? – auch die unsterbliche Kalendertheorie wurde für die Steinzeitanlage vorgetragen. »Stonehenge könnte unter anderem dazu gedient haben, die Sommer- und Wintersonnenwende sowie die Frühlings- und Herbst-Tagundnachtgleiche und damit die für eine Ackerbau betreibende Kultur wichtigen jahreszeitlichen Wendepunkte vorauszusagen.« [74]

Weil keine Schrift existierte, sollten also riesige Steine herangeschleppt und zu Kreisen zusammengebaut werden, um zu offenbaren, was jedermann ohnehin beobachtete: das Herannahen des Frühlings und das Aufziehen der Herbstzeit. Die richtige Zeit für Saat und Ernte sei damals von entscheidender Bedeutung gewesen, weshalb die priesterlichen Voraussagen unerlässlich waren. Wird behauptet.

In meinem Schlafzimmer steht mein Bett seit Jahren in derselben Ecke. Jahr für Jahr sticht die aufgehende Sonne an bestimmten Tagen in meine Augen. Ich könnte Striche an der Rückwand meines Bettes anbringen und voraussagen, dass sich das Spiel im nächsten Jahr zur selben Zeit wiederholt. Auch ohne den Einsatz einer Armbanduhr, eines Weckers oder gar Kompasses ist alljährlich dieselbe Tageszeit, wenn der Sonnenstrahl die Markierung an der Wand trifft. Dass es in vorgeschichtlichen Zeiten genauso simpel zuging, belegen unzählige Kalender der Naturvölker.

Die Indios im Chaco Canyon, New Mexico, bedienten sich schon vor Jahrtausenden eines derartigen Wandkalenders. Sie hatten bemerkt, dass der Sonnenstrahl, der im Laufe des Jahres durch einen Felsspalt schien, immer wieder dieselbe Bahn durchlief. Also ritzten sie an die Stelle, an der der Lichtstrahl den höchsten Punkt erreichte, eine Markierung. Aus einer naheliegenden Felsspalte schnitt ein zweiter Lichtfinger eine kleine Spirale. Sie zeigte den Herbstbeginn. Wenn sich beide Lichtstreifen begegneten, wusste man, dass die Wintersonnenwende da war. Alles sehr einfach. Eine megalithische Anlage wie Stonehenge zu errichten, nur um den Frühlingsbeginn vorauszusagen, ist genau genommen sinnlos, wenn die Natur im betreffenden Jahr nicht mitspielt. Was nutzt das hohepriesterliche Kommando »Der Frühling ist da, die Saat muss in die Erde!«, wenn es im betreffenden Jahr noch weitere 6 Wochen schneit? Auch der Ruf »Herbst! Die Ernte ist reif!« ist für die Katz, wenn die Natur bis dahin Bedingungen produziert hat, die das Reifwerden des Korns verzögern. Ausgerechnet die naturverbundenen Stämme erkannten auch ohne kalendarische und auf zeitliche Fixpunkte orientierende Monsterbauten, wann die Sonne wärmer vom Himmel schien, wann die Blumen blühten und wann die Insekten wieder auftauchten. Sie bestaunten die reifen Beeren und Früchte in der Natur mit ihren eigenen Augen – sie betrieben Naturbeobachtung. Ohne Steinkalender.

Auf Stonehenge bezogen: Das Resultat beweist die Intelligenz der Erbauer. Diese Anlage ist ein Meisterwerk. Etwas derart Gigantisches plant nur, noch dazu über einen langen Erbauungszeitraum hinweg, wer eine zeitlose Botschaft weitergeben möchte. Eine unzerstörbare Information für die Ewigkeit. Was aber sollte für alle Zeiten unvergesslich bleiben?

Was war das Motiv für eine gewaltige steinerne Anlage, die Jahrtausende später einmal Stonehenge genannt wurde? Was motivierte die Menschen zu ihren Leistungen? *Wikipedia* vermerkt: »In moderner Zeit haben Pseudowissenschaftler wie Erich von Däniken die These aufgestellt, Stonehenge sei von außerirdischen Besuchern der Erde errichtet worden.« [74] Verehrte *Wiki*-Freunde: Ihr habt Däniken nicht gelesen. Außerirdische, die sogenannten Götter, haben sich die Hände nie schmutzig gemacht. Ihre Söhne, die Riesen, hingegen schon. Und Menschen. Meine Fragen waren stets von anderer Qualität: *Weshalb* unterzogen sich unsere Vorfahren der Qual dieser Schuftereien? Richtig! Für die »Götter«. Für *welche* »Götter«? Erst hier beginnen meine Analysen. Am Rande: Die heutigen Briten sind nicht die Nachfahren jener Erbauer von Stonehenge. Weshalb nicht? Aus einigen der jahrtausendealten Knochen konnten DNS-Analysen erstellt und mit dem Erbmaterial der heute in England lebenden Menschen verglichen werden. Es gibt keine Übereinstimmung. Was nicht gegen die stolzen witz-, wort- und geistreichen Engländer spricht.

Zudem: Das Stonehenge von heute entspricht nicht mehr der ursprünglichen Anlage. Über die Jahrtausende hinweg kippten immer wieder Monolithen um, und vereinzelte Querbalken zerbröckelten. Der Journalist Luc Bürgin ging dieser Geschichte der Zerstörung nach und schreibt:

»Tatsächlich hat man den vermeintlichen Steinkreis, der keiner mehr ist, seit 1900 – und wohl bereits auch zuvor – immer wieder neu verpflastert. Schon nach der Jahrhundertwende wurden schräg stehende Monolithen gestützt, umgefallene aufgerichtet, im Boden fixiert, weitere mittels Seilwinden wieder hochgehievt. Und bereits damals krallte sich die Touristenschar Souvenirs in Form von Steinstücken, die man aus den Monolithen herausklopfte … Bis 1964 wurde an Stonehenge herumgedoktert: Neu aufgestellte Steine wurden mit modernsten Methoden zum Stehen gebracht.« [75]

Bilder belegen, wie vereinzelte Monolithen von Stonehenge mit Kränen aufgerichtet und verschoben, andere mit Spritzbeton aufgefüllt wurden. Der britische Historiker Brian Edwards von der Universität Bristol vermerkte: »Das Monument ist nicht mehr die Schöpfung steinzeitlicher Menschen. Das heutige Stonehenge ist ein Fantasieprodukt.« [76]

Und trotzdem: Auch wenn nicht mehr jeder Monolith an der ursprünglichen Position klebt, bleiben die berechtigten Fragen zu Stonehenge bestehen: Woher stammten die astronomischen und geometrischen Kenntnisse der diese Anlage errichtenden »Megalithiker«? Welche Instrumente standen ihnen zur Verfügung? Auf welches Schreibmaterial übertrugen sie ihre Zeichnungen, um ihren »Kollegen« klarzumachen, WAS WO zu stehen hatte? Wie wurde der Lastentransport organisiert? Welche Seilart – wenn überhaupt – wurde verwendet? (Und wer produzierte sie?) Welche Art von Seilwinden oder Hebezügen wurde eingesetzt? Wie funktionierten die Schwertransporte während des Winters? Wie bei Regen? Bei matschigem Untergrund? Wer produzierte die Werkzeuge? Mit welchen Mitteln wurden die Monolithen in ihre rechteckige Form und einheitliche Höhe zugeschnitten? Wer kommandierte die Raumaufteilung? Weshalb wurden verschiedene Steinarten verwendet? Welchen Stellenwert besaßen sie? Wie viel Planungszeit ging der Bauzeit voraus? Wie viele Arbeitskräfte wurden eingesetzt? Wer dirigierte die Massen? Wer hatte das Oberkommando und weshalb? Welches Motiv spornte die Menschen an? Wo übernachteten, überwinterten die Arbeitskräfte mitsamt ihrem Anhang? Wo sind die Überreste ihrer Raststätten geblieben? Wo die ihrer Nahrung? Ihrer Knochen? Wie lange dauerte der megalithische Spuk? Welche Form der Sozialorganisation existierte damals? Wer produzierte und transportierte die Nahrungsmittel sowohl für das Arbeitsheer wie auch für den eigenen Bedarf? Unser evolutionäres Denken verlangt eine schrittweise Entwicklung der Technologie – wo aber sind die Vorläufer von Stonehenge zu finden? Eigentlich müssten Generationen vor Stonehenge Wissen und Erfahrungen in kleinen Portionen gesammelt haben, um schließlich den Mut für diese Großbaustelle aufzubringen. Wo sind sie, diese evolutionären Kletteraffen? Auf dem weiten Erdenrund existierte niemand, von dem die Megalithiker Informationen für den Bau von Stonehenge beziehen konnten. Woher also kam die Vermessungstechnik? Die Erfahrungen mit dem Transport der bis zu 24 Tonnen wiegenden Schwergewichte? Weshalb *mussten* die steinzeitlichen Jäger und Sammler etwas tun, was überhaupt nicht ihrem Naturell entsprach?

Doktor Wladimir Tjurin Avinski, Geologe und Mitglied der Russischen Akademie der Wissenschaften, interessierte sich ebenfalls für Stonehenge. Im November 1975 hielt er in der Physikabteilung des Moskauer Vereins für Naturforschung einen Vortrag mit dem Titel »Die hohen mathematischen und astronomischen Kenntnisse der Erbauer von Stonehenge«. Der Vortrag wurde später als Referat des Jahres ausgezeichnet und in Chicago wiederholt. [77] Vladimir Avinski behauptete nicht mehr und nicht weniger, als dass Stonehenge eine kosmische Botschaft enthalte. Wie kam er darauf? Avinski studierte die Arbeiten von Alexander Thom und Gerald Hawkins, die Stonehenge und andere Steinkreise in England ausführlich vermessen hatten. Daraus ergaben sich verblüffende Daten wie die nördliche Breite (Position) von Stonehenge, der Erddurchmesser, der Polarradius, die mittlere Entfernung des Systems Erde–Mond, der mittlere Radius der Mondbahn sowie die Größe und die Distanz der fünf erdnahen Planeten.

Avinski: »Das Verständnis für die Bestimmung von Stonehenge ist ohne die Akzeptanz von kosmischen Kontakten zu unseren Urvätern kaum möglich.«

»Kosmische Kontakte«? Also Außerirdische. Dass die vor Jahrtausenden die Erde besuchten, ist seit 1966 Thema aller meiner Publikationen. Doch die Fremden bauten weder Stonehenge, noch errichteten sie irgendwelche Pyramiden. Sie verhielten sich so, wie sich heutige Ethnologen verhalten. Sie besuchten einige Stämme, brachten vereinzelten Erdbewohnern ihre Sprache bei und schulten sie in Wissenschaften wie der Astronomie oder im Ingenieurwesen. So ist es nun einmal in unzähligen alten Büchern überliefert worden, und so lässt es sich eindeutig beweisen. Der Besuch jener »Götter« war das Motiv für Stonehenge. Die treibende Kraft. Der Ansporn für ein einzigartiges Denkmal. Die Menschheit der Zukunft sollte den »Götter«-Besuch nie mehr vergessen und stets daran erinnert werden, dass jene »Himmlischen« dereinst versprochen hatten, in einer fernen Zukunft wieder auf die Erde zurückzukehren. Deshalb die eindeutig astronomischen Bezüge in Stonehenge. Doch was haben wir in unserer Kleindenkerei daraus gemacht? Eine »Gedächtniskultur«. Ein »symbolisches Wettrüsten zwischen den Stämmen«. Ein Druidenheiligtum oder einen »Niemand-weiß-für-wen-Kulturtempel«. Eine Arbeitsbeschaffungsmaßnahme gegen die Langeweile und selbstverständlich einen Kalender.

Dabei war Stonehenge bei Weitem nicht der erste und einzige Steinkreis in Britannien. Allein in Schottland gibt es 23 davon. Derjenige von Brodgar auf den Orkney-Inseln hat einen Durchmesser von 104 Metern, und gleich daneben liegt derjenige von Stennes. Beide Kreise sollen älter sein als Stonehenge und in jedem Fall älter als die Pyramiden in Ägypten. Zumindest wenn man sich an die Aussagen der Ägyptologen hält. Auch England verfügt über weitere Steinkreise: 176 an der Zahl. Es scheint, als ob jede Sippe, die etwas von sich hielt und irgendwelchen Göttern dienen wollte, ihren eigenen Steinkreis aufstellte. Warum nur? War allen langweilig, brauchten alle einen Steinkalender?

In Rom steht der Petersdom. Er ist das Zentrum der römisch-katholischen Kirche. Schon im Jahre 333 nach Christus ließ Kaiser Konstantin (270–337) an seiner Stelle eine Basilika errichten, weil im Boden das Grab des Heiligen Petrus liegen sollte. Allerdings galt die Gegend bereits vor dem Siegeszug des Christentums als heilig. Hier herrschte der Kult des Gottes Midras – eine Religion, die mit dem späteren Christentum viele Gemeinsamkeiten aufwies. In den kommenden Jahrhunderten entstanden weltweit Abertausende von Kirchen, Kathedralen, Domen, Kapellen – aber alle dienten demselben Zweck: der Verehrung des Gottessohnes Jesus. Nicht anders verhielt es mit Moscheen oder Synagogen. Nach einer ersten Synagoge, einer ersten Moschee schossen diese Bauwerke auf allen Kontinenten aus dem Boden – insofern sich die dahinterstehende Religion verbreitete, die die Verehrung bestimmter Personen beziehungsweise Gottheiten zum Inhalt hatte. Dieselbe Feststellung gilt für die Tempel kleinerer Religionsgemeinschaften. Überall galt es, den jeweiligen Heilsbringer zu verehren, die Erinnerung an ihn lebendig zu halten und für die Menschen einen Ort des Staunens und der Ehrfurcht zu schaffen.

Wer in England von London nach Bristol will, fährt über die M4. Zwischen den Ortschaften Chippenham und Marlbo-

Bild 29

rough (Grafschaft Wiltshire östlich von Bath) wird er am Steinkreis von Avebury vorbeifahren. Die Anlage ist gigantisch, und bevor der neueste riesige Steinkreis um Stonehenge entdeckt wurde, galt Avebury als der größte Kreis der Welt. Einst müssen insgesamt über 600 Monolithen Bestandteil des Steinrings gewesen sein. 98 davon standen auf einem 6 Meter hohen, künstlich angelegten Hügel – heute sind noch 27 davon im Originalzustand erhalten. Jeder mit knapp 40 Tonnen Gewicht – das sind 15 Tonnen mehr als bei den Pendants in Stonehenge. Der größte Block wies ursprünglich eine Höhe

von 5,5 Metern auf. Der Steinring von Avebury hat einen atemberaubenden Umfang von sage und schreibe 1,2 Kilometern. Damit nicht genug: Um die Anlage herum liegt ein noch größerer, künstlich angelegter Wall, der offensichtlich älter als der Steinring selbst ist. Zudem wurden innerhalb des Kreises zusätzliche kleinere Steinringe angelegt. Derjenige, der sich im Norden des Systems befindet, besteht aus 27, derjenige im Süden aus 29 Blöcken. Die Achse zwischen ihnen weist exakt auf den Sonnenaufgang am Mittsommertag.

Wie Stonehenge gehört auch Avebury zum Weltkulturerbe der UNESCO. Der Baubeginn von Avebury wird mit 2500 vor Christus angesetzt. Im geografischen Raum von Südengland wimmelt es geradezu von mystischen Kreisen. Der Marden Henge liegt im Tal von Pewsey, 16 Kilometer südlich von Marden. Der Kreis besteht aus künstlich aufgeschütteten Hügeln und Monolithen und ist riesiger als Stonehenge. Auch Durrington Walls, das sich im selben geografischen Raum wie Stonehenge befindet, ist erwähnenswert. Die Anlage besteht aus Hügeln, Holzpflöcken, Megalithen und – wie in Stonehenge – aus Gruben im Erdreich. Diese Gruben sind 5 Meter tief, 20 Meter breit und bilden einen Kreis mit einem Durchmesser von 2 Kilometern. Gewaltig.

Dass es in der gesamten Landschaft um Stonehenge nur so von prähistorischen Kuriositäten wimmelt, hatte ich bereits geschrieben. Hinzu kommen aber auch – ein ganz kurzer Exkurs sei mir erlaubt – die Rätsel der Gegenwart: So entstehen hier beispielsweise die größten und kompliziertesten aller sogenannten Kornkreise. Gibt es einen Zusammenhang mit den prähistorischen Großsteinanlagen?

Ein weiterer prähistorischer Platz ist der Silbury Hill. Es handelt sich dabei um einen 37 Meter hohen, künstlich aufgeschütteten Hügel, bestehend aus 400 000 Kubikmetern Erde und Stein, der um 2700 vor Christus angelegt wurde. [Bild 29] In seinem Innern wurden Schätze oder zumindest das Grab einer bedeutenden Persönlichkeit vermutet – doch der Silbury Hill behielt sein Geheimnis bisher für sich. Mehrere Grabungen ergaben nichts. Und um einen Abfallhügel, wie mitunter vermutet, kann es sich auch nicht gehandelt haben. Weshalb nicht? Könnte es nicht sein, dass die Planer der diversen Steinringe zuerst einmal das

Gelände abtragen mussten, um es einzuebnen? Nein, denn der Aushub, der dabei entstand, hätte etliche Kilometer von den Steinringen wegtransportiert und zu einem kleinen Berg aufgeschüttet werden müssen. Eine zusätzliche Plackerei.

Quasi gleich um die Ecke – nur einige Kilometer östlich des Silbury Hill gelegen – befindet sich Merlins Mount, ein pyramidenförmiger Kunstberg auf dem heutigen Grundstück des Marlborough-College. Entstanden ist er in derselben Zeit, so wie alles andere ringsum.

Hatte ich schon zahlreiche Fragen in Bezug auf Planung und Errichtung von Stonehenge aufgeworfen, die dokumentieren sollten, dass dieses prähistorische Bauprojekt eine Vielzahl von Schwierigkeiten in sich barg, so muss man sich bei Kenntnis der Tatsache, dass während der damaligen Zeit zahlreiche ähnliche Anlagen in die Landschaft gestellt wurden, nochmals die alles entscheidende Frage stellen: Was ging zwischen 2500 und 3000 vor Christus in den Köpfen der Menschen vor? Ganz offensichtlich wurden die Arbeitskräfte damals nicht nur für Stonehenge eingesetzt. Es müssen mehrere Teams *gleichzeitig* am Werk gewesen sein. Mehrere Steinzeitarchitekten müssen *gleichzeitig* geplant und organisiert haben. Mehrere Arbeitstruppen müssen *gleichzeitig* Steine transportiert, zugeschnitten, vermessen und in die richtigen Positionen gebracht haben. Wie soll diese Leistung mit den damals zur Verfügung stehenden Arbeitskräften (bei der behaupteten geringen Besiedlungsdichte) in Einklang gebracht werden?

Archäologen mehrerer britischer Hochschulen sind an sämtlichen Fundorten tätig und bemühen sich, Licht ins Dunkel zu bringen. Was nur trieb die Menschen in der Jungsteinzeit zu

ihren unvorstellbaren Leistungen? Weg von der Scholle – weg von der Jagd – weg von der Viehzucht. Wäre da nur Stonehenge, so ließe sich vielleicht noch irgendeine logische Begründung im Rahmen üblicher archäologischer Erklärung finden. Doch die »Henges« liegen oft nur ein paar Kilometer voneinander entfernt, überbieten sich in ihrem Umfang und entstanden zudem mehr oder weniger zur selben Zeit. In meinem Buch *Reise nach Kiribati* [78], erschienen vor 40 Jahren, präsentierte ich einige Gedanken, die damals unzeitgemäß schienen. Inzwischen haben sich sowohl der Zeitgeist als auch die Messmethoden geändert. Das Undenkbare wird möglich. Worum ging es?

Der Forscher möge im Westen von London die Autobahn M40 Richtung Oxford nehmen, die Universitätsstadt umfahren und

Bild 30

nördlich davon auf die A44 bis Chipping Norton einschwenken. Dann fahre er noch einige Kilometer auf der A3400, und er erreicht die Rollright-Stones. Nichts Sensationelles, nichts für Touristenströme. [Bild 30] Die Steine sind zerfallen und bestehen aus drei Gruppen: 1.) einem Steinkreis mit einem Durchmesser von 31 Metern, 2.) einem Einzel-Menhir, genannt »The King Stone«, und 3.) einer Gruppe am Boden liegender Menhire, die als »Whispering Knights«, die Flüsternden Ritter, bezeichnet werden. Das ganze Ensemble befindet sich auf einem Privatgrundstück. Die lokale Legende will wissen, es handle sich um versteinerte Soldaten, die nur schlafen, um eines Tages wieder zu kämpfen. Einst – so behaupten die Besitzer des Grundstücks – sei versucht worden, einen der großen Monolithen wegzubringen. Er sollte als Pfeiler für eine Brücke dienen. Eine Gruppe von Männern hätte den Stein mit Pferden und Traktoren zum Zielort gebracht und im Boden festgemacht. Doch jeden Morgen sei der Block wieder umgekippt und habe neben seiner Verankerung gelegen. Dies wiederholte sich mehrmals, und die abergläubischen Menschen befürchteten einen Fluch und brachten den Stein wieder an seinen ursprünglichen Ort zurück. Wobei beim Rücktransport »nur zwei Pferde und vier Männer eingesetzt werden mussten«. [79] In unserer Zeit behaupten feinfühlige Menschen, sie hätten beim Berühren der Steine Schwindelgefühle verspürt. Rutengänger sprechen von starken Schwingungen, andere von Halluzinationen, sobald sie sich im Steinkreis aufhielten. Besonders sensible Mitmenschen sollen sogar ohnmächtig geworden sein.

Diese Berichte veranlassten den Physiker Dr. G. V. Robins, in Rollright Messungen vorzunehmen. Dr. Robins und sein Team stellten fest, dass die Rollright Stones aus Silikaten mit einem dreidimensionalen Netz aus Silizium-Sauerstoff-Ketten bestehen, durchzogen von Natrium- und Kaliumionen, die in ihrer Gesamtheit als sogenannte »fehlerhafte physikalische Strukturen« bezeichnet werden. [80] Unter dem Elektronenmikroskop zeigte sich ein ungleiches Atomgitter mit zahlreichen Lücken. Diese Lücken fangen andere Atome und selbstverständlich auch Elektronen ein. Nun verfügt jeder Stein über eine geringe Menge an Radioaktivität, die aus der Atmosphäre kommt. (Wie im Zusammenhang mit der C-14-Methode erklärt, enthält auch jedes organische Material – Mensch, Tier, Pflanze – eine bestimmte Menge des radioaktiven C-14-Isotops.) Diese Radioaktivität unterliegt einem ständigen Zerfall und bewirkt eine dauernde Veränderung des atomaren Gitters. Das Gitter lässt die eingefangenen Elektronen frei, sobald dem Stein Energie zugeführt wird – etwa durch Bestrahlung oder große Hitze.

Dr. Robins ließ auf dem Gelände der Rollright Stones zu unterschiedlichen Tages- und Nachtzeiten Messungen durchführen. Es war allgemein bekannt, dass Steine bei Sonnenaufgang stärker strahlen als in der Nacht – ein Effekt, der durch die steigende Temperatur aufgrund verstärkter Sonneneinstrahlung erzeugt wird. Doch die Rollright-Steine zeigten ein anderes Muster. Schon eine halbe Stunde *vor* dem Sonnenaufgang begannen der »King Stone« und die Gruppe der »Flüsternden Ritter« zu pulsieren. Dieser Effekt von (Energie-)Schüben zwischen »stark« und »schwach« erreichte auf der Messskala den hohen Wert 7 – während die Strahlung der anderen Steine *unter* den Normalwert der Gegend fiel. Es wurde noch kurioser: 3 Stunden nach Sonnenaufgang sollten die Steine durch die Erwärmung aufgrund der Sonneneinstrahlung eigentlich stärker strahlen als bei Sonnenaufgang – doch die Pulsation zwischen den Steinen hörte abrupt auf. Dann wieder ließ der Strahlungswert beim »King Stone« nach, um gleichzeitig im Steinkreis stärker zu werden. Schließlich baute sich zwischen dem »King Stone« und den »Flüsternden Rittern« ein elektrisches Feld auf, das synchron pulsierte. Spukte es hier? Sowie sich ein Mann des Teams in den Steinkreis stellte, hörte die Pulsation abrupt auf. Dazu vermerkte Dr. Robins:

»Bei allen Besuchen in der Morgendämmerung konnte ein starkes Pulsieren um den Menhir sowie auf der Straße und dem Feld zwischen Menhir und dem Kreis beobachtet werden. Doch dies hörte augenblicklich auf, sobald jemand in den Steinkreis trat. Dieser Wechsel zwischen intensivem Pulsieren und der sehr schwachen, unter den Grundwerten liegenden Schwankungen wiederholte sich während der gesamten Beobachtungszeit.« [80]

In seinem abschließenden Bericht kam Dr. Robins zu dem Schluss, es müsse sich bei den Steinkreisen um etwas wie »Energieaktivierungszentren« handeln. Und er vermutete, dass die Steinzeitmenschen, die die Anlagen bauten, diesen Effekt gekannt haben müssen.

Die Untersuchungen von Dr. Robins sind inzwischen über 40 Jahre alt. Da kein vernünftiger Mensch damit etwas anfangen konnte, gerieten sie in Vergessenheit. Strahlende Steine? Unsinn! Eine messbare Strahlung, die abrupt aufhört, wenn sich jemand davorstellt? Unmöglich! Umso wichtiger bleiben die Fragezeichen: Wussten von dem Ganzen auch die Megalithiker? Auf dem weiten Erdenrund lebte damals kein Mensch, der Lehrbücher, Tabellen oder gar Messgeräte produziert hätte. Gab es eine Methode, mit den Steinen zu kommunizieren? Funktionierten die Elektronen im Stein wie ein Sender, der Nachrichten empfing und abgab? Zum Verständnis dieser Gedanken Folgendes:

Das gesamte Universum und jede sich darin befindliche Lebensform besteht aus Materie – und die aus Atomen. Ein Atom ist aber nicht das kleinste »Ding« – es geht noch kleiner. Bewiesen etwa durch das »Higgs-Boson«, ein winziges, unsichtbares Teilchen, benannt nach dem Physiker Peter Higgs und entdeckt im CERN in Genf. Oder durch die subatomaren Teilchen wie das Positron und das Elektron. Diese beiden Teilchen rasen um den Atomkern herum und sind dabei fast vergleichbar mit Planeten, die um ihre Sonne kreisen. Jetzt aber muss jedes Atom immer dieselbe Ladung haben – stets die gleiche Menge von subatomaren Teilchen. Wird einem Atom Energie zugeführt – beispielsweise in Form von Wärme –, springt ein Elektron von seinem Atomkern weg auf das nächste Atom. In derselben Milliardstelsekunde nimmt das Elektron von einem danebenliegenden Atom den leer gewordenen Platz ein. Zwei Elektronen haben also die Plätze um den Atomkern getauscht. Das geschieht tagtäglich und ununterbrochen. Es ist die unsichtbare Welt der Schwingung um uns herum. Dabei zerfällt ein Elektron nie – es löst sich niemals in Nichts auf. Es wechselt nur seinen Platz mit einem anderen Elektron. Zum Vergleich: Radioaktivität »zerstrahlt« – sie hört irgendwann auf, gemessen werden zu können. Das Elektron hingegen »verstrahlt« nie. Es existiert ewig. Es wechselt aber dauernd seinen Platz um die Atomkerne herum. Nun bewies der französische Kernphysiker Jean Charon schon vor 40 Jahren, dass jedes Elektron Informationen aufnimmt und beim Wechsel von einem Atom zum anderen solche austauscht. Mit wem oder was? Mit eben diesem Elektron, mit welchem es die Plätze wechselt. Das lässt sich auch physikalisch beweisen. Zwei Elektronen berühren sich nie, sie rasen mit einer unglaublichen Geschwindigkeit aneinander vorbei. Dabei tauschen sie eine messbare Strahlung aus: die sogenannte Schwarzschildstrahlung. Benannt nach dem Physiker Karl Schwarzschild (1873–1916). Dazu Jean Charon:

»Dies bedeutet, dass jede Materie, die am Aufbau einer lebenden oder denkenden Struktur beteiligt war und während der relativ kurzen Lebenszeit dieser Struktur deren Bewusstseinsqualitäten besaß, nach dem Absterben dieser Struktur nicht einfach zu ihrer ursprünglichen, diffusen Minimalpsyche zurückkehren kann. Die einmal erworbene Information, das einmal erworbene ›Bewusstsein‹ kann nie wieder verloren gehen; keine Macht der Welt kann nach dem Tod je eine Rückentwicklung des Elementarteilchen-Bewusstseins bewirken.« [81]

Wie soll man derart verwirrende physikalische Erkenntnisse verständlich machen?

Jeder Mensch kennt das Gefühl des Déjà-vu – eine Situation an einem Ort, von der und dem man den Eindruck hat, dass das gerade Geschehene schon einmal in derselben Weise erlebt wurde. In Wirklichkeit haben nicht SIE – Ihre gegenwärtige Person – das betreffende Ereignis schon einmal erlebt, sondern irgendwer anders. Alles, was dieser Irgendwer erlebte, wurde in seinen Elektronen gespeichert. Doch die Elektronen wechseln ständig ihren Wirt – ihr Atom – und tauschen dabei ihre Informationen – das Erlebte – des bisherigen Besitzers im Bruchteil einer Sekunde mit einem anderen Elektron aus (Schwarzschildstrahlung). Sämtliche Elektronen Ihres Körpers sind mit den Informationen gespeichert. Damit wird einiges verständlich, was bisher kopfschüttelnd in den Schubladen der Parapsychologie und Esoterik verschwand. Oder unter dem Begriff Déjà-vu katalogisiert wurde.

Wussten die Megalithiker etwas davon? Gab es meinetwegen verträumte, naturverbundene Menschen, die einen Stein berührten und ihm durch ihre Körperwärme Energie zuführten? Zwang diese Energie wiederum die Elektronen im Stein, ihr angestammtes Atom zu verlassen, die Plätze mit einem Elektron aus dem menschlichen Körper zu wechseln und dabei Informationen auszutauschen? Alles zu weit hergeholt? Moment: Selbst in der *Bibel* wird ein derartiger Vorgang beschrieben.

Im Buch Josua, Kapitel 4, erfährt man, wie die Israeliten zwölf Steine aufrichteten, und zwar dort, »wo die Füße der Priester gestanden, welche die Bundeslade trugen; die sind dort geblieben bis auf den heutigen Tag«. Dann erklärte Josua seinen

Leuten: »Dieser Stein soll Zeuge sein, denn er hat alle Worte gehört, die der Herr mit uns geredet hat …« (Jos 24, 26 ff.) Später kam Jakob, einer der drei Erzväter Israels, »nahm einen von den Steinen der Stätte, tat ihn unter sein Haupt und legte sich an dieser Stätte schlafen.« (1. Mose 28, 10 ff.)

»Da träumte ihm, eine Leiter sei auf die Erde gestellt, die mit der Spitze an den Himmel rührte, und die Engel Gottes stiegen daran auf und nieder …« (1. Mose 28, 12)

Traum? Fantasie? Ein echtes Erlebnis? Oder Informationen der Elektronen im Stein, die durch die Jakob'sche Körperwärme (= Energie) ihren Atomkern verließen und ihre Plätze mit den Elektronen aus Jakobs Körper tauschten?

Allgemein bekannt ist die Kaaba in Mekka. In 1,5 Metern Höhe, in der südöstlichen Ecke des Gebäudes, ist ein schwarzer Stein – das Heiligste vom Heiligen im Islam – in die Wand eingemauert. Der Stein ist das religiöse Zentrum der islamischen Welt. Der Prophet Mohammed persönlich benannte den »Schwarzen Stein« (arabisch: al-Hadschar al-Aswad) zum Mittelpunkt aller Muslime. Täglich verneigen sich rund um den Erdball 700 Millionen Muslime in Richtung dieses Steins und beten. Ihre Gedanken tragen Wünsche und Hoffnungen über Ozeane und Berge zum Schwarzen Stein. Mindestens einmal im Leben sollte jeder Muslim zur Kaaba nach Mekka pilgern. Woher stammt dieser Stein?

Die Legende will wissen, er sei vom Himmel gefallen. Die ältesten Überlieferungen sagen allerdings, der Stein sei dem Stammvater Abraham vom Erzengel Michael übergeben worden. Die westliche Wissenschaft behauptet, es handle sich um einen

Bild 31

Bild 32

ganz gewöhnlichen Meteoriten. Das kann nicht sein. Meteoriten fallen überall in unterschiedlicher Größe vom Firmament. Entweder sind sie derart groß, dass sie Krater verursachen, oder sie verglühen in der Atmosphäre. Nur die wenigsten erreichen die Erdoberfläche. Auch in der arabischen Welt sind Meteoriten gefunden worden, die allesamt »vom Himmel« fielen – doch keiner wurde deshalb für heilig erklärt. Nun könnten wissenschaftliche Analysen Antworten geben – doch die sind nicht gestattet. Das Heiligtum in Mekka darf von keinem Nicht-Muslim entwürdigt, geschweige denn angekratzt werden. Das Rätsel bleibt – behütet von der muslimischen Religionsgemeinschaft. Ich schließe nicht aus, dass irgendwann eine Zeit kommt, in der die Kaaba in Mekka die gespeicherten Informationen freigibt. An anderen heiligen Orten der Antike soll dies schließlich auch schon geschehen sein.

Bereits Jahrtausende vor Christus existierte in Kleinasien die Göttin Kybele. Im Heiligtum von Pessinus, 130 Kilometer südwestlich vom heutigen Ankara gelegen, wurde sie in Gestalt eines Meteoriten – eines Steins vom Himmel – verehrt. Nichts anderes geschah im griechischen Delphi. Dort bezog die Pythia ihre Prophezeiungen von einem elliptischen Steinblock: dem Omphalos. Auch der soll ursprünglich vom Himmel gekommen sein. Hergebracht vom Gott Apollon. Oder denken wir an das Gebiet des County Meath in Irland. Dort liegt nicht nur der Riesendolmen mitsamt seinem Steinkreis von Newgrange, sondern auch der Hill of Tara. Auf der Spitze des Hügels, umrundet von künstlichen Erdwällen, befindet sich ein alleinstehender Monolith. [Bild 31 und 32] Alle irischen Könige mussten diesen Monolithen berühren, und erst durch die Schwingung im Stein wurde ihr Königtum bestätigt. Offenbar wirkt hier derselbe »Hokuspokus« wie bei den Reliquien. Jeder Knochen, jeder Stofffetzen, jeder Holzsplitter irgendeiner/irgendeines Heiligen oder anderweitig hochverehrten Persönlichkeit übermittelt Botschaften. Dies glauben zumindest die Anhänger der betreffenden Person beziehungsweise der damit allzu oft in Verbindung stehenden Religion. Deshalb darf eine Reliquie nur an bestimmten Tagen von bestimmten Personen und unter Wahrung einer bestimmten Zeremonie berührt werden. Und letztlich geschieht in Bezug auf Edelsteine und den damit verbundenen Volksglauben nichts anderes. Wir hängen sie um den Hals – sie mögen uns beschützen. Wir glauben an irgendwelche Kräfte im Stein.

Nun entstanden Steinkreise nicht etwa nur in Europa. Das Rätsel existiert weltweit. Als ob es Verbindungen zwischen den Kontinenten und Gehirnen gegeben hätte: Wir müssen einen Steinkreis errichten. Nachfolgend eine unvollständige Aufzählung. Sie sollte uns stutzig werden lassen:

- Der Steinkreis von Sillustani liegt am Titicacasee in Peru.
- Der Steinkreis von Brahmagiri befindet sich südlich des Flusses Narmada in Südindien.
- Derjenige von Karanguli existiert südlich von Madras, Indien.
- Derjenige von Jiwaji lässt sich im Distrikt Raichur, Indien, finden.
- Der Steinkreis von Msoura liegt im Norden Marokkos.
- Der Steinkreis von Nioro du Rip befindet sich in der Provinz Casamance im Senegal.
- Der (biblische) Steinkreis von Gilgal liegt bei Jericho in Israel.
- Der Steinkreis von Ain es Zerka liegt in Ostjordanien.
- Die Steinkreise von Ajun-uns Rass liegen im Hochland von Nadschd in Saudi-Arabien.
- Der Steinkreis von Emu befindet sich in der südwestlichen Wüste von Emu, Australien.
- Mehrere Steinkreise liegen auf der Insel Hokkaido in Japan.
- Der Steinkreis von Quebrada liegt in Ecuador.
- Die Steinkreise von Portela de Mogos und Boa Fee sind westlich von Evora, Portugal, zu finden.
- Der Steinkreis von Kergonan liegt in der Bretagne, Frankreich.
- Die Steinkreise von Kaschubei befinden sich in Ostpommern in Polen.
- Die Steinkreise von Göbekli-Tepe liegen im Südosten der Türkei und gelten als die ältesten megalithischen Bauten der Welt.

- Der Steinkreis von Sarmizegetusa Regia liegt in Rumänien – nahe der Stadt Orastie.
- Der Steinkreis von Rujm el-Hiri befindet sich 16 Kilometer östlich des Sees Genezareth in Syrien.
- Der Steinkreis Napta liegt im Süden Ägyptens.
- Der Steinkreis von Beaghmore ist in der Nähe von Cookstown in Nordirland zu finden.
- Gleich 50 Steinkreise liegen bei Istrehagan in der Provinz Vestfolg, Norwegen.
- Hunderte von Steinkreisen existieren – laut dem Autor Michael Tellinger – in Südafrika. [82]
- Der Steinkreis von Naue liegt auf der Insel Naue, die zur Gruppe der Tongareva-Inseln (auch Penrhyn-Inseln genannt) gehört.
- Die Steinkreise von Garrynahine, Cnoc Fillibhir und Callanish befinden sich auf der Insel Lewis (Westküste der Äußeren Hebriden), westlich von Stornoway.
- Die Steinkreise von Cullerlie und Sunhoney liegen westlich von Aberdeen, Schottland.
- Der Steinkreis von Lios befindet sich 19 Kilometer südlich von Limerick in Irland.
- Der Steinkreis von Ke'te Kesu' liegt nordöstlich von Makale auf der Insel Sulawesi, Indonesien.
- Vier Steinkreise, genannt der »Boitiner Steintanz«, liegen zwischen den Dörfern Boitin und Tornow beim Städtchen Bützow in Mecklenburg-Vorpommern, Deutschland.
- Eines der »Medicine wheels«, bei denen es sich um Steinkreise der indianischen Ureinwohner handelt, befindet sich auf dem Big Horn Mountain im US-Bundesstaat Wyoming.

Neben den vereinzelten Steinkreisen der Ureinwohner Nordamerikas, den »Medicine wheels«, legten die Indios Tausende von sogenannten Mounds an. Hierbei handelt es sich um künstlich erschaffene Hügel in Kreis- oder Tierform. Die bekanntesten sind:

- Der Serpent Mound in Ohio – 73 Meilen nordwestlich von Locust Grove gelegen. Dabei handelt es sich um eine über 1 Kilometer lange gewundene Schlange. Der Kopf weist auf den Sonnenaufgang am 21. Juni. [Bild 33]
- Der Fort Wayne Mound bei Detroit, Michigan – eine kreisrunde Anlage mit mehreren kleineren Kreisen ringsum. Diese wurden als Gräber benutzt.

Bild 33

- Der Great Bear Mound, nördlich von Marquette, Iowa, gelegen. Hier wurden diverse Hügel unterschiedlicher Größe in Form von Bären angelegt.
- The Mounds State Park in Indiana, unweit des Flughafens von Anderson. Hier finden sich runde Anlagen, die in ihrer Gesamtheit wiederum einen großen Kreis bilden.

Dr. Gregory Little, ein Psychologe der Universität von Memphis, unterzog sich der Mühe, sämtliche in den USA existierenden »Indian Mounds« zu katalogisieren. Das Resultat der Herkulesarbeit ist eine veritable Enzyklopädie mit Hunderten solcher »Hügel«. [83]

Doch die »Indianischen Hügel« in den USA sind mit den Steinkreisen nicht vergleichbar. Mittels der Hügel wurden Dörfer »umzäunt«, Bilder von Tieren himmelwärts gerichtet und Gräber angelegt. Nichts von alledem geschah in Hinsicht auf die Steinkreise. Meine unvollständige Liste soll das weltweite Phänomen dieser Kreise dokumentieren. Wie kommen irgendwelche Megalithiker, die keinerlei Kontakt untereinander hatten, zu denselben Ideen? Was motivierte die vorgeschichtlichen Steinzeitmenschen der Insel Naue, dasselbe zu tun wie die Bewohner des vorgeschichtlichen Polens? Die Insulaner der Äußeren Hebriden? Die Ecuadorianer im fernen Südamerika, die Männer der ausgedörrten Wüste Emu in Australien? Was hatten die Ur-Franzosen mit den Ur-Peruanern am Titicacasee oder ihren »Kollegen« in Saudi-Arabien gemeinsam? Steinkreise waren heilige Orte. Ehrfurcht gebietende Begegnungsstätten. Für wen? – Wofür?

Doch es wird noch unerklärlicher. Viele Steinkreise liegen auf den von mir bereits erwähnten Ley Lines oder bilden in der Landschaft gemeinsame, gleichschenklige Formationen. Die Ley Lines waren ursprünglich eine Zufallsentdeckung des Landschaftsfotografen Alfred Watkins (1855–1935). Der besuchte im Juni 1921 einige britische Sehenswürdigkeiten, um sie zu fotografieren. Rasch bemerkte er, dass viele der Steinkreise auf einer schnurgeraden Linie zu anderen Kreisen lagen. Er nannte die Linien »Leys« (vom Wortstamm *leigh*) – und so entstand der Begriff der Ley Lines. Watkins veröffentlichte dazu 1925 das Buch *The Old Straight Track*, das im Jahre 1970 in London neu aufgelegt wurde. [84] Doch bereits 50 Jahre *vor* Watkins war dem Historiker William Henry Black (1808–1872) dasselbe Phänomen aufgefallen. Black arbeitete als Beamter im Public Record Office in London, und dort hielt er im Jahre 1870 auch eine Rede und verkündete den verblüfften Anwesenden:

»Die Monumente, die wir kennen, markieren große geometrische Linien, die das gesamte Westeuropa bis über die Britischen Inseln und Irland, die Hebriden, die Shetland- und Orkney-Inseln bis hinunter zum Polarkreis durchziehen …, es gibt sie in Indien, in China, in allen Ländern des Ostens, wo sie dem gleichen Muster folgen.« [85]

Wir wissen nicht, woher William Henry Black seine Kenntnisse hatte, doch sie stimmen definitiv und sind leicht überprüfbar. In seinem Buch *Megalithe. Steinerne Zeugen der Zeit* [86] belegt Hugh Newmann zwei große pythagoreische Dreiecke, die in Stonehenge beginnen. Und zusätzliche Ley Lines, die diverse Steinkreise miteinander verbinden. Etwa auf der Strecke Marden Henge – Wansdyke – Silbury Hill – Avebury Ring – Broad Hinton – Bincknoll Castle. Oder: Von Stonehenge aus lässt sich eine gerade Linie zum steinzeitlichen, künstlich angelegten Hügel von Old Sarum ziehen. Die verlängerte Linie zieht sich über die Kathedrale von Salisbury hin und dann weiter über Clearbury Ring zum Frankenbury Camp. Alle berührten Orte sind vorgeschichtlicher Natur; die Kathedrale von Salisbury ist auf einem ehemaligen Steinkreis errichtet worden.

Der auf Archäologie spezialisierte Journalist Paul Devereux und der Mathematiker Robert Forrest, die sich beide kritisch mit den Rätseln dieser geometrischen Verbindungen aus der Steinzeit beschäftigten, äußerten sich in der wissenschaftlichen Zeitschrift *New Scientist* wie folgt dazu:

»Es mag moderner Widerwille sein, einzugestehen, dass alte Gesellschaften einst Aktivitäten entwickelten, die wir nicht begreifen. Das gilt auch bezüglich des hartnäckigen Schweigens der Archäologie über die Linien in den peruanischen Anden und ebenso in Hinblick auf den sturen Widerstand hinsichtlich einer gründlichen Untersuchung der Ley-Lines-Theorie in England.« [87]

Das Schweigen der Fachleute ist eine intellektuelle Form von Blindheit. Niemand will sich mit dem Thema befassen. Jeder hat Schiss vor seinen Kollegen. Die könnten ja die Augenbrauen heben: »W-a-s? Du befasst dich mit einem derartigen Unsinn?« Persönlich ist mir eine einzige Ausnahme von diesem Karussell des Nicht-wissen-Wollens bekannt. Ich berichtete in meinem Buch *Im Namen von Zeus* [88] (Seite 145 ff.) darüber – und erntete gähnendes Schweigen. Worum ging es?

Über ganz Griechenland liegt ein geometrisches Raster aus der Steinzeit. Die Tempel stehen nicht zufälligerweise am Punkt X oder Y, sondern sind geometrisch stets mit anderen Heiligtümern aus jener Epoche verbunden. Die exakten Daten dazu verdanken wir einigen Landvermessern sowie Piloten der griechischen Luftwaffe. Sie veröffentlichten ihre Untersuchungen in wissenschaftlich blitzsauberer Weise. [89] Zugänglich für jedermann. Das Resultat: großes Schweigen in der Fachwelt. In Griechenland meinte ein befreundeter Archäologe: »Wir *wollen* uns nicht damit befassen. Es bringt nur Unruhe in die Gesellschaft.«

Unruhe ist unerwünscht. Vor Jahrzehnten sagte mir der »Vater der Weltraumfahrt«, Prof. Dr. Hermann Oberth (1894–1989), resigniert: »Viele Wissenschaftler benehmen sich wie gestopfte Gänse. Neue Erkenntnisse nehmen sie nicht mehr auf.«

Trotz der von mir erwähnten Zerstörungen und Verschiebungen, die die Blöcke im vergangenen Jahrhundert erfuhren, weiß man einigermaßen, wie Stonehenge ursprünglich aussah. Der Geistliche William Stukeley (1687–1765) vermaß die Anlage bereits vor über 250 Jahren. Und Hugh Newman machte die daraus resultierende Zeichnung mit dem Grundriss von Stonehenge in seinem phänomenalen Werk *Megalith: Studies in Stone* der Öffentlichkeit zugänglich. Anhand der Zeichnung aus dem Jahr 1740 ist klar ersichtlich: Das ursprüngliche Stonehenge bestand aus weit mehr als nur den fünf Trilithen und einem sie umgebenden Steinkreis. Ursprünglich war alles noch viel raffinierter, viel gigantischer, viel durchdachter und viel präziser angelegt worden als das, was uns Heutigen in Form einiger Steintore, durch die man am 21. März die Sonne aufgehen sehen kann, überliefert wurde. Freilich passten die prähistorischen Planungen mit dem Wissen, dass Stonehenge mit anderen vorgeschichtlichen Anlagen in geometrischen Verbindungen steht, dass die Gesamtplanung raumübergreifend und nach heutigen Begriffen länderübergreifend ist, so gar nicht mehr zu den »Steinzeitlern«. Das Bild, das wir in Bezug auf sie von der Archäologie vermittelt bekommen haben, ist unvollständig. Es mag ja durchaus sein, dass um 2500 vor Christus Menschen in Höhlen hausten, Beeren und Früchte suchten, sich Felle umhängten und im Übrigen simplen Tätigkeiten nachgingen. Doch gleichzeitig müssen in jener Gesellschaft einige Genies gelebt haben, die exakt wussten, wie man eindrucksvolle Werke entstehen lassen konnte – Anlagen aus dem härtesten Material. Diese Planer müssen geschulte Astronomen und Ingenieure gewesen sein. Sie wussten, dass ihre Werke die Jahrtausende überstehen würden und dass die Menschen der fernen Zukunft – wir! – darüber stolpern müssten. Exakt das geschieht jetzt. Und *wegen* der unverständlichen Bauten, *wegen* ihrer raumübergreifenden Platzierungen auf der Oberfläche unseres Planeten und *wegen* des astronomischen Wissens, das dahintersteckt, bleiben uns nur zwei Möglichkeiten, wie wir mit diesen steinzeitlichen Hinterlassenschaften umgehen können: 1.) Wir bleiben irritiert, verwirrt und schweigen. 2.) Die Neugierde lässt eine intelligente Gesellschaft der Zukunft nicht in Ruhe. Fragen verlangen nach Antworten. Und wir begeben uns daher auf die Suche nach ihnen.

Die schwedische Archäologin Dr. Bettina Schulz Paulsson von der Universität Göteborg ging der Frage nach, WANN und WO dieser ganze megalithische Spuk begonnen haben könnte. Gab es einst so etwas wie eine steinzeitliche Priesterkaste, die umherzog und die Ideen der Steinkreise verbreitete? In ihrer

Arbeit berücksichtigte die Wissenschaftlerin über 30 000 megalithische Anlagen und gelangte zu dem Schluss, die einfachsten Megalithgräber seien um 4700 vor Christus im Nordwesten Frankreichs entstanden. »Diese Region ist auch die einzige in Europa, in der es prämegalithische Monumentalbauten und Übergangsstrukturen gab.« [90] Frau Dr. Schulz Paulsson gelangte zu der Überzeugung, die Megalithbauten seien nicht unabhängig voneinander entstanden, sondern könnten auf einen gemeinsamen Ursprung zurückzuführen sein. »Wir haben klare Indizien für eine Ausbreitung der Megalithe in drei großen Schüben über die Seeroute gefunden.«

Was aber haben die europäischen Steinkreise mit denjenigen am Titicacasee in Peru zu tun? Oder mit den Kreisen in der australischen Wüste von Emu? Die gehört zum Gebiet der Großen Victoria-Wüste im Bundesstaat South Australia. (Ausgerechnet dort fand im Oktober 1953 die »Operation Totem« statt, mit der die britischen Nukleartests bezeichnet wurden.) Was haben die europäischen Steinkreise mit denjenigen auf der nördlichsten der japanischen Hauptinseln, Hokkaido, zu schaffen? Oder mit denen auf der Insel Naue? Diese zählt zur Gruppe der Tongareva-Inseln und liegt fernab im südlichen Pazifik. Man mag für die europäischen Steinkreise einen gemeinsamen Ursprung finden – einer hat's dem andern nachgemacht –, doch hilft kein Zauber hinsichtlich der Steinkreise, die fernab von Europa liegen. Noch weniger werden die Ley Lines sowie die geometrischen Zusammenhänge erklärt. Wer war vor Jahrtausenden dafür verantwortlich, dass allein im gebirgigen Zentralgriechenland (im Raum Attika–Böotien) 35 Tempel in denselben geometrischen Verhältnissen zueinander angeordnet worden sind? Und dann die Datierungen: Ein Großteil der europäischen Steinkreise soll zwischen 2300 und 2800 vor Christus entstanden sein. Von heute aus betrachtet fast zur selben Zeit. Nach welchen Göttern suchten unsere Vorfahren? Wem sollten Ruhm, Ehre und Unsterblichkeit zuteilwerden?

Im Mittelmeer liegt die Insel Sardinien. (Die weiblichen Bewohner nennt man übrigens nicht »die Sardinen«.) Dort muss wohl vor Jahrtausenden eine regelrechte Bauwut die Insulaner befallen haben, denn sie überzogen ihr Eiland mit rund 7000 megalithischen Bauten! Es entstanden gewaltige Dolmen, astronomisch ausgerichtete »Brunnen« und Abertausende von sogenannten Nuraghen. Dabei handelt es sich um Meisterwerke aus großen Steinblöcken, zusammengesetzt ohne jeden Mörtel. Sie existieren in diversen Formen, etwa als ganze Komplexe, kleinere Dörfer, als alleinstehende oder doppelte Türme und als Tempel oder sogar als regelrechte Stufenpyramiden. Aber wozu über 7000 Objekte dieser Art auf einer Insel? Auf 10 Quadratkilometern Fläche stehen im Durchschnitt sechs Nuraghen. Waren es Wehrtürme? Diese Erklärung bringt nichts. Denn sie befinden sich oft direkt nebeneinander. Waren es religiöse oder sonstwie zeremonielle Treffpunkte? Ergibt keinen Sinn. Es sind zu viele davon. Dasselbe gilt für Verteidigungsanlagen. Es gab keine Feinde, und die Ureinwohner errichteten keine Festungen, die nahe beieinanderstanden. Man bedenke: Bei den Nuraghen handelt es sich nicht um irgendwelche Steinhäuser, die zum Schutz vor Wind und Wetter errichtet wurden, sondern um Bauwerke megalithischer Art mit meterdicken Mauern und kleinen Innenräumen. [Bild 34–36] Noch 1962 zählte der Archäologe Giovanni Lilliu die Überreste von rund 10 000 Nuraghen auf Sardinien. [91] Schon damals wurde klar, dass zumindest einige unter ihnen astronomisch ausgerichtet sind. Die Nuraghe »Arrubiu« zeigt einen fünfeckigen Grundriss mit fünf Türmen. Von der Ringmauer, die die Nuraghe umgibt, erheben sich zusätzliche sieben Türme. Der Hauptturm hatte eine ursprüngliche Höhe von 28 Metern. Heute steht noch die Hälfte davon. Ein Turm der größten Anlage, »Su Nuraxi« genannt, weist einen Durchmesser von 12 Metern auf. Um ihn herum befinden sich eine megalithische Mauer und weitere vier Türme. Im Innern der Anlage ist ein 20 Meter tiefer Brunnen mit stets frischem Wasser zu bestaunen. Die lokale Legende meint, Sardinien sei einst das Land der Riesen gewesen. Tatsächlich berichten Augenzeugen, bei archäologischen Ausgrabungen seien Knochen und sogar Skelette von Riesen aufgetaucht. Doch kein auf Sardinien befindliches Museum will diese Riesenknochen besitzen. Dafür finden sich in den Sammlungen Steinfiguren mit Roboterblicken, großen Augen und geraden, steifen Nasen, als würde es sich um Kopien der Statuen auf der fernen Osterinsel handeln.

Die Anzahl und die Bauweise der Nuraghen lassen durchaus Gedanken an Riesen aufkommen. Immerhin wurden Hunderttausende von Megalithen bewegt. Darunter solche von 15 Tonnen Gewicht, und nicht selten liegen die schwersten Blöcke zuoberst – ein Unding für normal gewachsene Menschen. Zudem wimmelt es in der griechischen Sagenwelt von Riesen. Etwa im jahrtausendealten Bericht der *Argonautica*. Es handelt sich dabei um die Geschichte des Schiffes Argo mit seiner Mannschaft, den Argonauten. Die älteste Version stammt von Apollonios von Rhodos. Der berichtet, wie die Argonauten auf einer Insel ahnungslos auf einen Berg kletterten, um sich einen Überblick zu verschaffen. Aber sie wussten nichts von den Riesen auf der Insel. Apollonios:

Bild 34

Bild 35

Bild 36

»Ihr Leib hatte drei Paar nerviger Hände wie Pfoten. Das erste Paar hängt an den knorrigen Schultern, das zweite und das dritte Paar schmiegen sich an die scheußlichen Hüften.« [92] Ähnliches steht in der weltberühmten *Odyssee* des griechischen Dichters Homer (2. Hälfte des 8. Jahrhunderts v. Chr.). Dort werden die haarsträubenden Abenteuer von Odysseus, des Königs von Ithaka, erzählt. Seine Schiffe erreichen auch »die Insel der Kyklopen« (auch Zyklopen genannt). Einer von ihnen sperrt Odysseus und seine Gefährten in eine Höhle und frisst täglich zwei von ihnen. Schließlich gelingt es Odysseus, das einzige Auge des Riesen mit einem glühenden Holzpfahl zu blenden und mit dem Rest seiner Mannschaft zu entkommen. (Dazu eine drollige Zwischenbemerkung: Der Kyklop hatte Odysseus nach seinem Namen gefragt, und der log, indem er antwortete, sein Name sei »Niemand«. Nachdem der Riese sein Augenlicht verloren hatte, rief er seine Kumpanen zu Hilfe und schrie, dass »Niemand« sein Auge zerstört habe. In unserer Zeit wurde diese List in einem Wildwestfilm verwendet: *Mein Name ist Nobody* [1973, mit Terence Hill].)

Die Riesen existieren in unzähligen Überlieferungen. Sie sollen die Abkömmlinge von »Wächtern des Himmels« (= Außerirdischen) und Menschentöchtern gewesen sein. Vier Beispiele:

»Als aber die Gottessöhne sich zu den Töchtern der Menschen gesellten, waren die Riesen auf Erden.« (1. Buch Mose 6, 4)

»Warum habt ihr wie die Erdenkinder getan und Riesensöhne gezeugt?« (Kapitel 14 des Buches Henoch) [93]

»Es brachte der Höchste die Sintflut auf die Erde und tilgte alles Fleisch und auch die 4 090 000 Riesen.« (Buch Baruch) [93]

»Jene Töchter Cains aber, mit denen sich die Engel vergangen hatten, wurden schwanger …, sie kamen aus dem Leib heraus, indem sie den Leib ihrer Mutter spalteten … Als sie dann aufwuchsen, wurden sie zu Riesen.« (*Kebra Negest*, Buch der äthiopischen Könige.) [94]

Zumindest in der antiken Literatur wird die Existenz ehemaliger Riesen bestätigt. Dies würde auch erklären, weshalb die eindrucksvollsten Nuraghen auf Sardinien das Sternbild der Plejaden widerspiegeln. Alle Distanzen zu den Hauptsternen des Plejadensystems finden sich in den größten Nuraghen – maßstäblich verkleinert – wieder. Diese Tatsache wurde in der TV-Sendung *Ancient Aliens*, die vom US-amerikanischen History Channel produziert wird, deutlich demonstriert. [95] [Bild 37] Wollten die Riesen, jene Abkömmlinge von »Söhnen der Sterne«, uns Menschen ihre ursprüngliche Heimatwelt mitteilen? Falls ja, funktionierte das nur mittels unzerstörbarer Bauten, die Botschaften beinhalteten? Dasselbe trifft auch auf die Inseln Malta und Gozo zu. Dort liegen unverstandene, definitiv über 6000 Jahre alte, astronomisch ausgerichtete Tempel. Denjenigen auf Gozo nennt sogar die lokale Archäologie »Gigantija«: Tempel der Giganten.

Der bedeutungsvollste Beweis für das Wirken von Genies auf Sardinien sind aber nicht die nach den Plejaden ausgerichteten Nuraghen, sondern ist ein anderes astronomisches Denkmal: der so bezeichnete »heilige Brunnen von Santa Cristina«. Um einen Brunnen im herkömmlichen Sinn geht es überhaupt nicht, obschon in der Tiefe Wasser sprudelt. Der »Brunnen« bezeugt endgültig und sichtbar für jeden Zweifler das astronomische Wissen, vermischt mit der megalithischen Baukunst, jener unverstandenen »Söhne der Götter«. Oben, an der Erdoberfläche, befindet sich eine Ellipse aus Stein und darin ein Mäuerchen in Form eines Schlüssellochs. [Bild 38] Beides will so gar nicht zum Wunder unter der Erde passen. Eine schräge Treppe führt dahin in die Tiefe, eingerahmt von unvorstellbar sauber zugeschnittenen Basaltblöcken. In der Großen Pyramide von Gizeh werden die Touristen darauf aufmerksam gemacht, dass kein Blatt Papier in die Fugen zwischen den Steinen passe. Hier, beim »Brunnen von Santa Cristina« auf Sardinien, passt nicht einmal ein Geist dazwischen. Man vergleiche die Präzision mit einer polierten Basaltmauer, durch die dünne Fäden gezogen wurden. Egal welche Arbeitstechnik man sich ausdenken mag – keine passt für die Wände des »Brunnens«. In der Tiefe befindet sich eine kreisrunde Öffnung, in der sich klares Quellwasser spiegelt. Hoch darüber breitet sich eine Kuppel mit einer weiteren runden Öffnung in der Decke aus. [Bild 39] Wozu? Alle 18 Jahre und 6 Monate steht der Mond genau über der Öffnung, und seine Strahlen fallen senkrecht hinunter auf das reflektierende Wasser. In hellblauen Farben wird das Mondlicht vom Wasser zurückgeworfen. Zudem ist die schräg in die Tiefe führende Treppe in einer Weise angelegt, dass zweimal jährlich, genau zur Tagundnachtgleiche im Frühjahr und im Herbst, das Sonnenlicht wie ein Bündel von Laserstrahlen in die Tiefe zündet. [Bild 40 und 41] Der Raum erhellt sich dann dramatisch, und das Sonnenlicht wird vom Quellwasser zurückgespiegelt. Nicht etwa auf die Treppe, sondern durch die senkrechte Öffnung nach oben, durch die alle 18 Jahre und 6 Monate das Schauspiel des Mondlichtes stattfindet.

Mein Kollege, der forschende Schriftsteller Hartwig Hausdorf, der eine Reihe von beachtenswerten Büchern über die Rätsel dieser Welt veröffentlichte, verbrachte an einem ganz normalen Tag einige Stunden in diesem »heiligen Brunnen«. Im Fachmagazin *Sagenhafte Zeiten* berichtete er:

»Was uns die Sonne für ein paar wenige Minuten zwischen die so akkurat platzierten Steinreihen zauberte, war schlichtweg sensationell. Wie bei einer Lasershow wurden die schmalen Linien … durch haarscharf abgegrenzte Leuchteffekte illuminiert … Ich war regelrecht perplex.« [96]

Perplex ist das richtige Wort, um das Unverständliche auszudrücken. Jeder Einwand, Steinzeitmenschen der Art, wie sie die bisherige Lehrmeinung postuliert, hätten das Wunder des »Brunnens von Santa Cristina« erdacht, stößt ins Leere. Der

Bild 38

Bild 39

Bild 40

Bild 41

Plan einer Anlage, meinetwegen hingekritzelt von einem steinzeitlichen Astronomen, hilft nicht weiter. Das Werk musste schließlich auch noch real im Gelände entstehen. Es musste in die Erde hineingebaut werden, mitsamt der schrägen Treppe in einem ganz speziellen Winkel sowie den geschliffenen und zusammengefügten Basaltblöcken, mit der runden Öffnung und derjenigen darüber – und zwar so, dass der Mond alle 18 Jahre und 6 Monate sein Licht senkrecht hinunterwerfen konnte, wobei zusätzlich noch der Effekt des Sonnenwunders zur Tagundnachtgleiche zu berücksichtigen war. Hier sind wir, wie das Sprichwort es ausdrückt, »mit unserem Latein am Ende«. Der »heilige Brunnen von Santa Cristina« fordert zum Umdenken auf. Mit den sogenannten primitiven Steinzeitmenschen, die diesen »Brunnen« auf Sardinien errichtet haben sollen, benebeln wir uns selbst. Wir machen uns etwas vor, weil es nicht ins selbstgefällige Denken passt, dass vor Jahrtausenden »Söhne der Götter« auf der Erde wirkten.

Bisher versäumte ich darauf hinzuweisen: Allein in Deutschland gibt es Abertausende von bearbeiteten Menhiren. Wir mögen von Stonehenge, Rollright, Avebury oder den Menhirkolonnen in der französischen Bretagne gelesen haben, weil sie die bekanntesten sind. Aber nur wenige Interessierte haben je etwas vom »Langen Stein« bei Schatthausen (Rhein-Neckar-Kreis), von den »Zwölf Aposteln« bei Langenbach (Kreis Hof, Bayern), von den »Riesensteinen« bei Wolfershausen (Schwalm-Eder-Kreis, Hessen), vom »Steintanz« im Landkreis Güstrow (Mecklenburg-Vorpommern), von der »Steinreihe« im Landkreis Osnabrück, von den Menhiren bei Bitburg (Rheinland-Pfalz), vom 4,5 Meter hohen Menhir bei Weilheim (Tübingen) [Bild 42] oder vom »Monolithen« bei Selzen (Landkreis Mainz-Bingen) gehört. Alle diese prähistorischen Orte sind beschrieben worden – und dennoch weiß kaum jemand etwas darüber. Der unermüdliche Journalist Luc Bürgin berichtete genauso darüber wie Professor Johannes Müller, Direktor des Institutes für Ur- und Frühgeschichte an der Christian-Albrechts-Universität zu Kiel. [97] Im Mai 2015 demonstrierte Professor Müller in einem praktischen Versuch, wie schwere Steine mithilfe von Holzrollen und Seilen verschoben werden konnten. »Für ein Megalithgrab«, so Johannes Müller, »ist von etwa 15 000 bis 20 000 Personenstunden unter Beteiligung von mindestens 70 Personen bei spezifischen Bautätigkeiten auszugehen.« Was aber, wenn wegen des hügeligen Geländes keine Holzrollen eingesetzt werden konnten? Und es keine Seile gab?

Das eindrucksvollste Buch über Menhire stammt vom Fotografen Johannes Groht. Herausgegeben wurde es vom Archäologen Harald Meller. [98] Es handelt sich um ein umfangreich bebildertes 500-seitiges Werk mit einem Li-

Bild 42

Bild 43

teraturverzeichnis, das über 200 Titel aufführt. Menhir für Menhir wurde abgelichtet und vermessen. Eine Sisyphusarbeit! Doch trotz dieses Buches und anderer umfangreicher Literatur über die Leistungen unserer steinzeitlichen Vorfahren – und das irritiert – bleibt das öffentliche Interesse daran gleich null. Offensichtlich ist es dem Normalbürger egal, was vor Jahrtausenden auf seinem Heimatboden geschah.

Diese Gleichgültigkeit betraf auch mich selbst, bis mich vor wenigen Monaten mein langjähriger Sekretär Ramon Zürcher fragte: »Weißt du eigentlich, dass gleich am Ortsrand von Feldbrunnen einige beeindruckende Menhire stehen?« Feldbrunnen liegt im Schweizer Kanton Solothurn. Ich hatte Jahrzehnte dort gewohnt, aber nie etwas von Menhiren in der Landschaft gehört. Ramon Zürcher ist einer dieser neugierigen und hartnäckigen Forscher, die »den Biss« haben. Er will Antworten, bevor er seine Beute loslässt. Ramon ist auch der Mitbegründer von RAMAR, einer Internetplattform, auf der sich jeder informieren kann, den echte Rätsel interessieren (*https://ramar.space*). [Bild 43] RAMAR präsentiert ausschließlich Tatsachen – keinerlei Verschwörungen oder Esoterik. Bei RAMAR stößt der Besucher auf die rätselhaftesten Orte dieser Welt mitsamt ihren Querverbindungen. Im Fachmagazin *Sagenhafte Zeiten* beschrieb Ramon Zürcher eine eindrucksvolle erratische Formation bei Feldbrunnen (Kanton Solothurn, Schweiz) wie folgt:

»Bei der (sogenannten) Schildkröte handelt es sich um einen größeren und einen kleineren Block, beide auf kleinen Podesten liegend. Der größere stützt den kleineren. Von Weitem sieht es aus, als würden sie schweben.« [99]

Die Bilder belegen es. [Bild 44–46] Beide Blöcke bestehen aus Granit. Der größere wiegt gut und gern 160 Tonnen. Und beide Steine müssen von Menschen bewegt worden sein – in unebenem Gelände. Diese »Schildkröte« ist kein einsamer, zufälligerweise durch die Gletscher liegen gelassener Einzelbrocken. Sie ist Bestandteil von etwas, dass man vor Ort als »den Megalithweg« bezeichnet.

Derartige Rätsel vor der Haustüre verblüffen. Weil sie oft in Wäldern liegen, kennt man sie nicht. Das gilt auch für den gewaltigen Dolmen in der Gemeinde Schonach bei Triberg (Baden-Württemberg). [Bild 47] »Ein Gang zwischen den tragenden Steinen ist genau auf den Mondaufgang zur großen, nördlichen Mondwende ausgerichtet«, schreibt Ramon Zürcher. [100] Mit einem Kollegen kämpfte sich Ramon auch eine Zyklopenmauer auf dem Odilienberg im Elsass (Frankreich) entlang. Diese Mauer ist volle 10 Kilometer lang, konstant 1,6 Meter breit und bringt es auch heute noch auf eine Höhe von 3–6 Metern. Die erbrachte Arbeitsleistung war enorm, zu-

Bild 44

Bild 45

Bild 46

mal das Bauwerk im hügeligen Gelände der Vogesen errichtet wurde. [Bild 48–50] Oder wer weiß schon, dass auch bei Schluchsee im Schwarzwald (Baden-Württemberg) die Überreste einer Zyklopenmauer zu bestaunen sind? Sie ist 20 Meter lang und 4 Meter hoch. Die Überreste der Mauer bilden eine Terrasse am Berghang. [Bild 51 und 52] Ich erinnere mich, als junger Gymnasiast vom Limes, einem von den Römern errichteten Grenzwall in Germanien, gelesen zu haben, doch nie hatte ich ein Wort über die hier erwähnten Megalithstrukturen zu hören bekommen. Dabei wimmelt es nicht nur in Deutschland (oder der Schweiz), sondern im gesamten Europa von jahrtausendealten Anlagen aus der Steinzeit. An jedem Ort mussten Menschen die Blöcke transportieren und in die richtigen Positionen bringen. Dies geschah auch in hügeligem Gelände, wo der Transport mittels Holzrollen wegfällt. Zudem wurden die steinzeitlichen Bauten auch noch nach astronomischen Gesichtspunkten ausgerichtet. Was ging hier vor sich?

Riesige Anlagen wie Stonehenge oder der »Brunnen von Santa Cristina« auf Sardinien sind vermutlich von jenen »Söhnen der Götter«, den Riesen, geplant und ausgeführt worden. Unter Mithilfe der Menschen. Die Nachfahren – wir! – sollten ihre Leistungen bewundern und daraus die richtigen Schlüsse ziehen. Dabei muss klar auseinandergehalten werden, dass die ursprünglichen »Götter«, jene fremden Raumfahrer, die sich bei uns wie Ethnologen verhielten, einige Menschen unterwiesen und Sex mit hübschen Menschentöchtern hatten, *nicht* die Erbauer der Megalithanlagen waren – sieht man von vereinzelten Basislagern ab. Die originalen »Götter« verschwanden wieder im Weltall. Allerdings mit dem Versprechen, nach Jahrtausenden zurückzukehren. Einige von ihnen, die »gefallenen Engel« oder »gefallenen Göttersöhne«, sowie deren Söh-

Bild 47

ne, die Riesen, halb Menschen, halb »Götter«, konnten hingegen nicht mehr weg von der Erde. Sie besaßen keine Raumschiffe. Es blieb ihnen nichts anderes übrig, als sich auf der Erde einzurichten. Sie verbündeten sich mit den Menschen, brachten ihnen bei, wie sich sowohl schwere Blöcke transportieren als auch die notwendigen Werkzeuge herstellen ließen. Natürlich erhielten die cleversten Schüler Unterricht in Astronomie. Heute tun Entwicklungshelfer schließlich Ähnliches. Den intelligentesten Exemplaren eines Stammes wird etwas Wissenswertes beigebracht. Diese Menschen – die Lehrlinge – waren keine direkten Abkömmlinge der Götter mehr. In verschiedenen Ländern ist mir vorgeworfen worden, ich

Bild 48

Bild 49

Bild 50

hätte behauptet, die »Götter« seien die Bauherren der riesigen Tempelanlagen gewesen. Ich würde unterstellen, die Menschen seien zu derartigen Leistungen nicht fähig gewesen. Irrtum! Hier die Reihenfolge der Ereignisse: Zuerst tauchten die ursprünglichen fremden Astronauten auf. Die »Originalgötter« also. Diese errichteten keine Tempel, aber sie unterwiesen einzelne Menschen in Astronomie, Ackerbau und dem Ingenieurswesen. Ihnen folgten die »gefallenen Engel« und ihre Brut, die Riesen. Diese waren zuständig für die eindrucksvollsten Megalithanlagen. Als Nächstes kamen die Menschen – die Lehrlinge – an die Reihe. Sie erbauten Tempelanlagen, schufen die Kunstwerke und erdachten die Skulpturen. Meine Fragen zielten stets in eine andere Richtung: *Wozu* taten die Menschen, was sie taten? Antwort: Für die Götter – weshalb sonst? Für *welche* Götter – bitte?! Die Götter der Natur? Erdbeben, Vulkanausbrüche, Stürme oder die Gestirne? Diese Rechnung geht nicht auf. Weshalb nicht? Weil die »Götter« wissenschaftlichen und ingenieurtechnischen Unterricht erteilten. Und zwar im direkten Gespräch. »Höre, Menschensohn: Blick hinaus. Siehst du das kleine Licht dort draußen? Ihr Menschen sagt Mond dazu. Der Mond hat gar kein eigenes Licht, er bezieht sein Licht von der Sonne …«. Nachzulesen im Buch Henoch. [93] Oder möchte jemand ernsthaft behaupten, die exakten Anweisungen zu Hygienemaßnahmen, die der Vermeidung von ansteckenden Krankheiten dienen sollten und im 3. Buch Moses beschrieben wurden, stammten von den Naturgewalten? Und Moses habe fortgesetzt gelogen, als er ständig versicherte, »der Herr« habe ihm all dies gesagt? (3. Mose 11, 1 ff.)

Und was ist mit den Abertausenden von kleineren Megalithbauten, die über ganz Europa verstreut liegen? Sie stammen von Menschen. Jede Gemeinschaft möchte etwas »Göttliches« verehren. Wir tun doch dasselbe. In jedem Dorf existiert eine Kapelle …

Bild 51

Bild 52

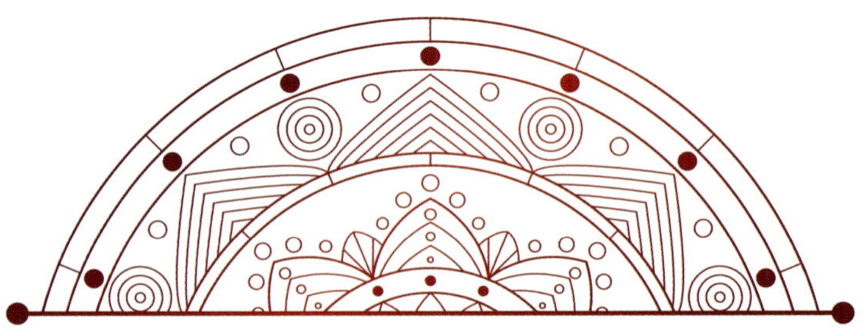

Literaturverzeichnis

[1] Costa, Cheryl und Miller Costa, Linda: *UFO Sightings Desk Reference. United States of America 2001–2015*. Syracuse, New York, USA, 2017.

[2] Kean, Leslie: *UFOs. Generäle, Piloten und Regierungsvertreter brechen ihr Schweigen*. Rottenburg 2012.

[3] Hopkins, Budd: *Eindringlinge*. Hamburg 1991.

[4] Vallée, Jacques: *Recent Field Investigations into Claims of UFO Related Injuries in Brazil*. Las Vegas, USA, 1989.

[5] Strieber, Whitley: *Communion*. New York, USA, 1987. Sowie *Transformations*, New York, USA, 1988.

[6] Fiebag, Johannes: *Kontakt. UFO-Entführungen.* München 1994.

[7] Jacobs, David M.: *Secret lives – Firsthand Documented Accounts of UFO Abductions.* New York, USA, 1992.

[8] Mack, John E.: *Abductions. Human Encounters with Aliens.* New York, USA, 1994.

[9] Ludwiger, Illobrand von: *Der Stand der UFO-Forschung.* Frankfurt 1992.

[10] Vallée, Jacques: *Confrontations.* Toronto, Kanada, 1990.

[11] Hausdorf, Hartwig: *Unheimliche Begegnungen der 5. Art.* Marktoberdorf 2002.

[12] Lammer, Helmut und Sidla, Oliver: *UFO-Nahbegegnungen.* München 1996.

[13] Däniken, Erich von: *Der Jüngste Tag hat längst begonnen.* München 1995.

[14] Däniken, Erich von: *Der Götterschock.* München 1992.

[15] Fuller, John: *The interrupted Journey.* New York, USA, 1974.

[16] Hynek, Allan in: *Bild am Sonntag* vom 6./7. Juni 1976.

[17] Vallée, Jacques und Jannine: *Challenge to Science: The UFO Enigma.* Chicago, USA, 1977.

[18] Kean, Leslie: *UFOs: Generäle, Piloten und Regierungsvertreter brechen ihr Schweigen.* Rottenburg 2012.

[19] »Alien Technology, the best hope to save our Planet«, in: *Ottawa Citizen*, vom 28. Februar 2007, Kanada.

[20] »Der langjährige Leiter von Israels Weltraumprogramm präsentiert unwiderlegbare Beweise«, in: *Jüdische Allgemeine* vom 9. Dezember 2020.

[21] »Former Israeli space security chief says aliens exist, humanity not ready«, in: *Jerusalem Post* vom 9. Dezember 2020, Israel.

[22] »UFOs are real.«, Dr. Ben Rich von Lokheed Skunk Works; *http//community.zeit.de/user/debatz/beitrag/2910/10/26 quotufos-sind-realquot-dr-ben-rich-director-von-lockheed-skunkworks.*

[23] Al-Masudi: *Bis zu den Grenzen der Erde.* Herausgeber: Horst Erdmann. Tübingen 1978.

[24] Bopp, Franz: *Arschunas Reise zu Indras Himmel nebst anderen Episoden*. Berlin 1824.

[25] Roy, Chandra Pratap: *The Mahabhatara*, Band *Drona Parva*, Kalkutta, Indien, 1888.

[26] Laufer, Berthold: *The Prehistory of Aviation.* Field Museum of Natural History, Vol. XVIII, No. 1, Chicago, USA, 1928.

[27] Kanjilal, Dileep Kumar: *Vimanas in Ancient India.* Kalkutta, Indien, 1985.

[28] Faulkner, Raymond O.: *The Ancient Egyptian Pyramid Texts*. Oxford, Großbritannien, 1969.

[29] Däniken, Erich von: *Habe ich mich geirrt?.* Rottenburg 2015, S. 168 ff.

[30] »Die geheimnisvollen Pfeile von Ustjurt«, in: *Sowjetkultur* vom 11. August 1981.

[31] Isbell, William H.: »Die Bodenzeichnungen Altperus«, in: *Spektrum der Wissenschaft*. Dezember 1978.

[32] Tributsch, Helmut: *Das Rätsel der Götter – Fata Morgana*. Frankfurt 1983.

[33] Cieza de León, Pedro: *La Chronica del Peru*. Sevilla, Spanien, 1554.

[34] Cieza de León, Pedro: *Secunda Parte de la Chronica del Peru*. Madrid, Spanien, 1880.

[35] De la Vega, Garcilaso: *Primera Parte de los Comentarios Reales*. Madrid, Spanien, 1722.

[36] De Betanzos, Juan: *Summa y Narratión de los Incas*. Madrid, Spanien, 1722.

[37] De Castro y del Castillo: *Teatro Eclesiástico de la Iglesias del Peru*. Madrid, Spanien, 1651.

[38] De Balboa, Miguel: *Histoire de Pérou*. Traduit par H. Ternaux-Companas. (Das Buch wurde 2018 durch den Verlag Franklin Classics Trade Press als Reprint neu aufgelegt.)

[39] Stübel, Alphons und Uhle, Max: *Die Ruinenstätte von Tiahuanaco im Hochlande des alten Peru*. Leipzig 1892.

[40] Davidovits, Joseph: *Pyramid Man-made Stone. Myth or Facts?*. Barry University, Florida, USA, 1987.

[41] Klemm, D. und Wagner, R.: »First Results of the Scientific Origin Determination of Ancient Egyptian Stone Material«. Second International Congress of Egyptologists, Grenoble, Frankreich, 1979.

[42] Davidovits, Joseph: »Le calcaire des pierres des Grandes Pyramides d'Égypte«, in: *Revue des Questions Scientifiques*, Frankreich, 1986.

[43] »Das Haar in der Pyramide«, in: *Die Weltwoche* vom 27. Oktober 1983, Zürich, Schweiz.

[44] »Pumapunku«, *https://de.wikipedia.org/wiki/Pumapunku.*

[45] Oakley, Kenneth P.: »Dating the Lybian Desert Silica-Glas«, in: *Nature*, Nr. 170, 1952, Großbritannien.

[46] Farkas, Viktor: »Rätselhafte Verglasungen um den Globus«, in: *Sagenhafte Zeiten*, Nr. 5, 2000.

[47] Bude, Friedrich: Brief an Erich von Däniken vom 26. März 2018.

[48] Däniken, Erich von: *Neue Erkenntnisse*. Rottenburg 2018.

[49] Däniken, Erich von: *Die Augen der Sphinx*. München 1989.

[50] Beitrag von Eva Eggebrecht in: Eggebrecht, Arne (Hg.): *Das Alte Ägypten. 3000 Jahre Geschichte und Kultur des Pharaonenreiches*. München 1984.

[51] *Diodors von Sizilien Geschichtsbibliothek*. 1. Buch. Stuttgart 1866.

[52] Plinius, Gaius Secundus: *Die Naturgeschichte*. 36. Buch. Leipzig 1882.

[53] *Das Pyramidenkapitel in Al-Makrizis »Hitat«*. Übersetzt von Dr. Erich Graefe. Leipzig 1882.

[54] Tompkins, Peter: *Cheops*. Bern, Schweiz, 1975.

[55] Al-Masudi: *Bis zu den Grenzen der Erde.* Herausgeber: Horst Erdmann. Tübingen 1978.

[56] Creighton, Scott: »The great pyramid Fraud revisited«, in: *Nexus*, Vol. 21, Nr. 4, 2014, Australien.

[57] Herodot: *Historien.* Bücher VI–IX, 2. Band. Herausgegeben von Josef Feix. München o. J.

[58] Däniken, Erich von: *Die Bekenntnisse des Ägyptologen Adel H.* Rottenburg 2019.

[59] Däniken, Erich von: *Raumfahrt im Altertum.* München 1993.

[60] Däniken, Erich von: *Im Namen von Zeus.* München 1999.

[61] Däniken, Erich von: *Die Steinzeit war ganz anders.* München 1991.

[62] Däniken, Erich von: *Der Mittelmeerraum und seine mysteriöse Vorzeit.* Rottenburg 2012.

[63] Jellinek, Adolph: *Moses ben Schem-Tob de Leon und sein Verhältnis zum Sohar.* Leipzig 1851.

[64] Appelt, Otto: *Platon – sämtliche Dialoge.* Hamburg 1988.

[65] Däniken, Erich von: *Die Steinzeit war ganz anders.* München 1991.

[66] Hawkins, Gerald S.: *Stonehenge decoded.* New York, USA, 1965.

[67] Atkinson, Richard J. C.: »Moonshine on Stonehenge«, in: *Antiquity*, Bd. 40, Cambridge University Press, Großbritannien, 1966.

[68] Thom, Alexander: *Megalithic Remains in Britain and Brittany*. Oxford, Großbritannien, 1978.

[69] Collins, Andrew: »Großbritanniens größtes prähistorisches Rätsel«, in: *Sagenhafte Zeiten*, Nr. 2/2021, Schweiz.

[70] »Stonehenge«, *https://de.wikipedia.org/wiki/Stonehenge*.

[71] Geoffrey, Bibby: *Faustkeil und Bronzeschwert*. Hamburg 1957.

[72] Atkinson, Richard J. C.: *Was ist Stonehenge?*. London, Großbritannien, 1980.

[73] Strempel, Fritz: »Das steinerne Rätsel von Stonehenge«, in: *PM-Magazin*, Nr. 2/1980.

[74] »Stonehenge«, *https://de.wikipedia.org/wiki/Stonehenge*.

[75] Bürgin, Luc: »Pfusch in Stonehenge«, in: *Mysteries*, Nr. 3/ 2014, Schweiz.

[76] Young, Emma: »Concrete Evidence«, in: *New Scientist*, vom 9. Januar 2001, Großbritannien.

[77] Avinski, Vladimir: »New Arguments in Favor of the Reality of Space Paleocontacts«. Vortrag auf der 16. Weltkonferenz der AAS in Chigaco, USA, 26. August 1989.

[78] Däniken, Erich von: *Reise nach Kiribati*. Düsseldorf 1981.

[79] Grinsell, Leslie V.: *The Rollright Stones and their Folklore*. Guernsey, Großbritannien, 1977.

[80] Robins, G. V.: »The Dragon Stirs«, in: *Alpha*, Juli/August 1979, London, Großbritannien.

[81] Charon, Jean: *Der Geist in der Materie.* Hamburg 1979.

[82] Tellinger, Michael: *Die afrikanischen Tempel der Anunnaki*. Rottenburg 2009.

[83] Little, Gregory L.: *The illustraded Encyclopedia of Native American Mounds and Earthworks.* Memphis, USA, 2009.

[84] Watkins, Alfred: *The Old Straight Track.* London, Großbritannien, 1970.

[85] Pennick, Nigel: *Die alte Wissenschaft der Geomantie.* München 1982.

[86] Newman, Hugh: *Megalithe. Steinerne Zeugen der Zeit.* Kerkdriel, Niederlande, 2019.

[87] Devereux, Paul und Forrest, Robert: »Straight Lines on Ancient Landscape«, in: *New Scientist*, vom 23./30. Dezember 1982, Großbritannien.

[88] Däniken, Erich von: *Im Namen von Zeus.* München 1999.

[89] Manias, Theophanias M.: *Die geometrisch-geodätische Triangulation des altgriechischen Raumes.* Athen, Griechenland, 1970.

[90] Schulz Paulsson, Bettina: *Proceedings of the National Academy of Sciences*, Bd. 10, 2019, USA.

[91] Lilliu, Giovanni: *I Nuraghi. Torri preistoriche di Sardegna*. Italien, 1962.

[92] Schefold, Karl und Jung, Franz: *Die Sagen von den Argonauten*. München o. J.

[93] Kautzsch, Emil: *Die Apokryphen und Pseudepigraphen des Alten Testaments*. Buch Henoch, 1900.

[94] Bezold, Carl: *Kebra Negest. Die Herrlichkeit der Könige*. München 1905.

[95] *Ancient Aliens*, »Island of Giants« (Staffel 13, Episode 8), USA.

[96] Hausdorf, Hartwig: »Lasershow aus der Steinzeit«, in: *Sagenhafte Zeiten*, Nr. 1/2017, 19. Jahrgang, Schweiz.

[97] Müller, Johannes: *Großsteingräber, Grabenwerke, Langhügel*. Darmstadt 2017.

[98] Groht, Johannes: *Menhire in Deutschland*. Mainz 2013.

[99] Zürcher, Ramon: »EvD-Logbook«, in: *Sagenhafte Zeiten*, Nr. 5/2020, 22. Jahrgang, Schweiz.

[100] Zürcher, Ramon: »Spurensuche vor der Haustüre«, in: *Sagenhafte Zeiten*, Nr. 1/2021, 23. Jahrgang, Schweiz.

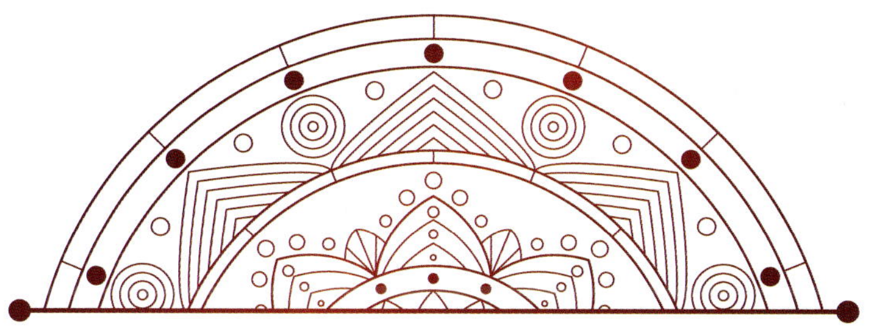

Bildquellen

Alle Bilder: Erich von Däniken, mit Außnahme von:
Bild 28: Andrew Collins, Großbritannien
Bild 31, 32, 34–36, 38–52: Ramon Zürcher, Schweiz
Bild 37: *Ancient Aliens*, The History Channel, USA

Forschungsgesellschaft für Archäologie, Astronautik und SETI

Liebe Leserin, lieber Leser,

wie in jedem meiner Bücher möchte ich Ihnen die Gesellschaft für Archäologie, Astronautik und SETI vorstellen – abgekürzt AAS. Wir suchen nach neuen Antworten, weil die alten in vielen Bereichen überholt sind.

Es ist unser Ziel, einen anerkannten Beweis für den Besuch von Außerirdischen auf unserer Erde zu erbringen. Dies vor Jahrtausenden. Dabei wollen wir den Grundregeln des wissenschaftlichen Erkenntnisgewinns folgen, uns aber nicht von bestehenden Dogmen oder Paradigmen eingrenzen lassen.

Im Zwei-Monats-Rhythmus geben wir die Zeitschrift *Sagenhafte Zeiten* heraus – in deutscher Sprache –, die allen Mitgliedern der AAS zugestellt wird. Wir organisieren nationale und internationale Konferenzen und führen Studienreisen an interessante archäologische Stätten durch.

Unser jährlicher Mitgliedsbeitrag beläuft sich auf 55.– Euro/ 60.– CHF (Stand Sommer 2021). Wissenschaftler wie Laien aus allen Berufsgruppen gehören zu uns. Wir sind kein exklusiver Club. Jeder kann dabei sein.

Ich würde mich freuen, wenn Sie sich auf unserer Homepage informieren oder Gratisauskünfte erbitten würden bei:

AAS, Postfach 319, CH-3800 Interlaken
www.sagenhaftezeiten.com
E-Mail: info@sagenhaftezeiten.com